Wissenschaftliche Poster gestalten und präsentieren

Gregor Domes · Ralf Christe

Wissenschaftliche Poster gestalten und präsentieren

Gregor Domes
Abteilung für Biologische und
Klinische Psychologie
Universität Trier
Trier, Rheinland-Pfalz, Deutschland

Ralf Christe
Karlsruhe, Baden-Württemberg
Deutschland

ISBN 978-3-662-61495-2   ISBN 978-3-662-61496-9   (eBook)
https://doi.org/10.1007/978-3-662-61496-9

Die Deutsche Nationalbibliothek verzeichnet diese Publikation in der Deutschen Nationalbibliografie; detaillierte bibliografische Daten sind im Internet über ▶ http://dnb.d-nb.de abrufbar.

© Springer-Verlag GmbH Deutschland, ein Teil von Springer Nature 2020
Das Werk einschließlich aller seiner Teile ist urheberrechtlich geschützt. Jede Verwertung, die nicht ausdrücklich vom Urheberrechtsgesetz zugelassen ist, bedarf der vorherigen Zustimmung des Verlags. Das gilt insbesondere für Vervielfältigungen, Bearbeitungen, Übersetzungen, Mikroverfilmungen und die Einspeicherung und Verarbeitung in elektronischen Systemen.
Die Wiedergabe von allgemein beschreibenden Bezeichnungen, Marken, Unternehmensnamen etc. in diesem Werk bedeutet nicht, dass diese frei durch jedermann benutzt werden dürfen. Die Berechtigung zur Benutzung unterliegt, auch ohne gesonderten Hinweis hierzu, den Regeln des Markenrechts. Die Rechte des jeweiligen Zeicheninhabers sind zu beachten.
Der Verlag, die Autoren und die Herausgeber gehen davon aus, dass die Angaben und Informationen in diesem Werk zum Zeitpunkt der Veröffentlichung vollständig und korrekt sind. Weder der Verlag, noch die Autoren oder die Herausgeber übernehmen, ausdrücklich oder implizit, Gewähr für den Inhalt des Werkes, etwaige Fehler oder Äußerungen. Der Verlag bleibt im Hinblick auf geografische Zuordnungen und Gebietsbezeichnungen in veröffentlichten Karten und Institutionsadressen neutral.

Fotonachweis Umschlag: © [M] forma82/stock.adobe.com (Symbolbild mit Fotomodell);
Dr. Manuela Kanat, Freiburg; Prof. Dr. Markus Heinrichs, Freiburg; Prof. Dr. Gregor Domes, Trier

Planung/Lektorat: Joachim Coch
Springer ist ein Imprint der eingetragenen Gesellschaft Springer-Verlag GmbH, DE und ist ein Teil von Springer Nature.
Die Anschrift der Gesellschaft ist: Heidelberger Platz 3, 14197 Berlin, Germany

Geleitwort

Die Präsentation und Diskussion eigener Forschungsergebnisse ist unverzichtbarer Bestandteil wissenschaftlichen Arbeitens. Dabei nimmt die Präsentation in Posterform neben der klassischen Vortragsvariante in vielen Fachgebieten einen nicht mehr wegzudenkenden Platz ein. Und das Spektrum der Bewertungen von Posterpräsentationen ist breit – von „Ich hab ein Poster auf der nächsten Konferenz und bin gespannt auf ganz viel Feedback!" bis „Ich habe keinen Vortrag, sondern „nur" ein Poster".

Warum ist eine Posterpräsentation der eigenen Forschung auf einer wissenschaftlichen Veranstaltung so wertvoll? Im Gegensatz zum Vortrag ist das Poster das Format des direkten Diskurses mit Kolleginnen und Kollegen, welches einen intensiven Austausch von methodischen Argumenten und möglichen Interpretationen der Ergebnisse in der zwanglosen, anregenden Atmosphäre einer Postersession bietet.

Aber wie erreiche ich nun im Posterformat bestmöglich meine „Scientific Community", wie wird mein Poster zum Publikumsmagnet? Hier schließt das vorliegende Buch endlich (!) eine Lücke für alle einschlägigen wissenschaftlichen Fachgebiete und liefert sämtliche notwendigen Informationen anschaulich und mit konkreten Beispielen – vom „Storyboard" bei der Gestaltung des Abstracts vor der Konferenz über gut visualisierte konzeptionelle Hinweise zu Software und Publishing-Tools bis zu wertvollen Tipps für die Präsentation vor Ort. Steht man erstmals vor der Aufgabe, ein wissenschaftliches Poster anzufertigen und vorzustellen, wird man auf dieses Buch nicht verzichten wollen – blickt man auf viele Jahre Erfahrungen als Posterautor, Konferenzteilnehmer und Mitglied von Posterjurys zurück, widerfährt einem unweigerlich ein „Hätte es dieses Buch doch schon eher gegeben". Die einmalige Zusammenarbeit zwischen einem renommierten und erfahrenden Wissenschaftler und einem technisch versierten Designer ist ein Glücksfall für die Posterkultur in der Wissenschaft.

Nein, ein Poster auf einer wissenschaftlichen Konferenz ist kein Trostpreis an Stelle eines Vortrags! Und nein, eine Posterpräsentation ist nicht nur dem „Nachwuchs" vorbehalten! Mit einem professionell gemachten Poster ziehe ich Kolleginnen und Kollegen in den unmittelbaren Austausch, platziere ich zeitnah neue Forschungsergebnisse, hole ich wertvolles Feedback ein, vernetze ich mich aktiv in meinem Forschungsfeld und schärfe unmittelbar mein eigenes wissenschaftliches Denken und Publizieren. Dieses Buch ist Fibel für Studierende, Promovierende und „Postdocs" sowie Nachschlagewerk für erfahrene Wissenschaftlerinnen und Wissenschaftler zugleich, es wird die Posterqualität verbessern und die nächste Posterpräsentation noch gewinnbringender machen.

Allen Leserinnen und Lesern wünsche ich viel Freude bei der kreativen Gestaltung – genießen Sie die nächste Postersession!

Prof. Dr. Markus Heinrichs
Freiburg im Breisgau
im Juni 2020

Inhaltsverzeichnis

1	**Einleitung**	1
2	**Poster – die etwas andere Präsentation**	5
2.1	Was ist das besondere an Postern?	6
2.2	Vor- und Nachteile	7
	Literatur	9
3	**Vorbereitungen – bevor es richtig losgeht**	11
3.1	**Abstract**	12
3.2	**Inhalte – was soll drauf auf's Poster?**	17
3.2.1	Einleitung	18
3.2.2	Fragestellung/Ziel(e)/Hypothesen	18
3.2.3	Materialien und Methoden	19
3.2.4	Ergebnisse	20
3.2.5	Diskussion und Schlussfolgerungen	20
3.2.6	Anmerkungen, Literatur, Kontaktinformationen	21
3.3	**Format**	22
3.3.1	Ausrichtung – Hoch- und Querformat	22
3.3.2	Größe – DIN-Formate in Zentimetern und Zoll	23
3.4	**Struktur und Gestaltungsraster**	25
3.5	**Storyboard – die grobe Skizze als Plan**	29
4	**Gestaltung – so wird es schön…**	33
4.1	**Farben**	34
4.1.1	Farbschemata	36
4.1.2	Farbräume	39
4.2	**Schriften**	41
4.2.1	Schriftarten	41
4.2.2	Schriftgröße	45
4.2.3	Schriftstil – fett, kursiv, usw.	47
4.3	**Gestaltung einzelner Elemente**	49
4.3.1	Text	49
4.3.2	Tabellen	52
4.3.3	Abbildungen	52
4.3.4	Diagramme/Grafiken	54
4.4	**Weitere Elemente**	59
4.4.1	Videoclips oder Diashows	59
4.4.2	Objekte, Gerüche, Geräusche	61
4.4.3	QR-Codes	61
4.4.4	3D-Bilder	62

4.4.5	„Doodles"	63
4.4.6	Visitenkarten	63
4.4.7	Handouts	64
4.5	**Vorlagen und Templates**	65
	Literatur	68

5	**Werkzeuge – ohne geht es nicht….**	**69**
5.1	**Poster einfach am PC erstellen**	70
5.2	**Poster gestalten für Fortgeschrittene**	77
5.3	**Verständliche Grafiken und Diagramme**	84
5.3.1	Grafiken aus Tabellenkalkulationen	84
5.3.2	Grafiken aus Statistikprogrammen	85
5.3.3	Grafiken mit speziellen Grafikprogrammen	87
5.4	**Zeichnen und Malen mit Vektoren**	88
5.5	**Der perfekte Umgang mit Bildern**	90
	Literatur	92

6	**Druck**	**93**
6.1	**Vorbereitung**	94
6.1.1	Vorab Peer-Review	94
6.1.2	Sprachkorrektur	94
6.1.3	Letzter Check	95
6.2	**Druckvorlage erstellen – PDF in a nutshell**	97
6.3	**Reinzeichnung und Druck**	99
6.4	**Papierarten**	101
6.4.1	Papiergewicht	102
6.4.2	Papieroberfläche	102
6.4.3	Veredelung	103

7	**Poster präsentieren**	107
7.1	**Rahmenbedingungen**	108
7.2	**Der Vortrag zum Poster – Alles Wichtige in ein paar Minuten**	109
7.3	**Umgang mit Fragen und Kritik**	113

Serviceteil

Stichwortverzeichnis 119

Über die Autoren

Prof. Dr. Gregor Domes
geb. 1972. 1993–1999 Studium der Psychologie in Trier und Tübingen. 2000–2004 wissenschaftlicher Mitarbeiter am Psychologischen Institut der Universität Tübingen. 2003 Promotion in Tübingen. 2004–2008 Postdoktorand an der Klinik für Psychiatrie und Psychotherapie der Universität Rostock. 2008–2009 Oberassistent am Psychologischen Institut der Universität Zürich. 2009–2015 Akademischer Oberrat in der Abteilung Biologische und Differentielle Psychologie am Institut für Psychologie der Universität Freiburg sowie Leiter der Forschungsgruppe „Emotion and Social Cognition" am Freiburg Brain Imaging Center (FBI) des Universitätsklinikums Freiburg. Seit 2016 Leiter der Abteilung für Biologische und Klinische Psychologie der Universität Trier und Sprecher des Universitären Forschungsschwerpunktes „Psychobiologie des Stresses".

Ralf Christe
geb. 1972. 1994–1999 Studium Kommunikationsdesign an der ABK Stuttgart. 2000–2007 Selbstständigkeit mit den Schwerpunkten Corporate Design und Editorial Design. Lehraufträge am Berufskolleg für Grafik-Design Pforzheim, beim Graduiertenkolleg am KIT Karlsruhe und der Hochschule der Medien Stuttgart (HdM). 2007–2018 Geschäftsführender Gesellschafter der Agentur für Kommunikation Helden & Mayglöckchen in Karlsruhe, Schwerpunkte Brand Design analoger und digitaler Medien. Regelmäßige Lehraufträge an der Hochschule der Medien Stuttgart (HdM) und der HfG Schwäbisch Gmünd. Design Workshops in Istanbul im Rahmen eines Austausches mit internationalen Design Studenten. 2018 Vortragsreihe mit chinesischen Designern in Xiamen und Ghuangzhou. Ab 2019 Tätigkeit als User Experience/User Interface Designer (UX/UI) und als Designer für strategische Kommunikation.

Einleitung

© Springer-Verlag GmbH Deutschland, ein Teil von Springer Nature 2020
G. Domes und R. Christe, *Wissenschaftliche Poster gestalten und präsentieren*,
https://doi.org/10.1007/978-3-662-61496-9_1

Wissenschaftliche Erkenntnisse, auch solche die im Rahmen einer Dissertation gewonnen werden, möchten der wissenschaftlichen Gemeinschaft mitgeteilt werden. Nach einer mehr oder weniger langen Zeit im Labor, im Feld und/oder am Schreibtisch im Rahmen eines Forschungsprojektes stehen vor allem viele Promovierende vor der Aufgabe, ihre Ergebnisse öffentlich zu machen, diese Fachkolleginnen und -kollegen zu präsentieren und mit diesen zu diskutieren.

Poster werden vor allem von Promovierenden und Postdocs präsentiert

Poster sind neben Vorträgen und Journalartikeln die wichtigste Form der Kommunikation von wissenschaftlichen Ergebnissen. Auf wissenschaftlichen Konferenzen sind Posterpräsentationen die häufigste Präsentationsform – auf großen Tagungen konkurrieren oftmals mehrere Hundert Poster um die Aufmerksamkeit der Teilnehmenden in sogenannten „Postersessions". In der Mehrzahl präsentieren Promovierende und Postdocs aktuelle Ergebnisse ihrer Forschung in Form eines Posters. Obwohl damit Poster gerade für den wissenschaftlichen Nachwuchs eine der ersten und wichtigsten Möglichkeiten bieten, die wissenschaftliche Community über die eigene Forschung zu informieren und erste Netzwerke zu knüpfen, fehlt es oft an konkreten Vorstellungen, wie ein gutes Poster gestaltet werden kann. Tatsächlich scheint es, als ob die meisten Poster ihr Ziel eher verfehlen. Auf einer Vielzahl von Internetseiten und Blogs werden überladene, langweilige oder unauffällige Poster beklagt – dies oft von etablierten Wissenschaftlerinnen und Wissenschaftlern, die sich auf Konferenzen schon durch den einen oder anderen Posterdschungel kämpfen mussten.

Neben Inhalten spielt die Gestaltung eine zentrale Rolle

Die Gestaltung eines guten wissenschaftlichen Posters stellt offenbar eine besondere Herausforderung dar. Neben den inhaltlichen Gesichtspunkten, die im Grunde direkt aus dem Forschungsgegenstand und den Ergebnissen ableitbar sind, stellt sich zu dem die Frage, wie diese Inhalte effizient in Form von Text und Abbildungen auf einer begrenzten Fläche präsentiert werden können. Es kommt zu den inhaltlichen Aspekten gewissermaßen eine weitere Ebene hinzu: die Ebene der Gestaltung bzw. die Ebene des Designs.

Poster ziehen ein interessiertes Fachkollegium an

Ungeachtet dieser Herausforderungen bieten Poster eine wunderbare Möglichkeit, die eigene Arbeit einem breiten Publikum vorzustellen, mit Kolleginnen und Kollegen ins Gespräch zu kommen und konkrete Fragen zu beantworten – oder beantwortet zu bekommen. Der Austausch an einem Poster ist oft direkter, konkreter und informeller als im Rahmen eines Vortrags. Häufig finden sich an einem Poster Kolleginnen und Kollegen ein, die im gleichen Bereich forschen und sich in besonders für die Thematik interessieren. Es ist also eine ideale Möglichkeit am eigenen Netzwerk zu knüpfen, Kontakte zu pflegen und neue wissenschaftliche Bekanntschaften zu machen.

Konkret stellen sich bei der Erstellung eines Posters einige Fragen, bei deren Beantwortung wir mit diesem Ratgeber praktische Hilfestellung geben möchten. Welche Inhalte gehören auf ein gutes Poster? Wie transportiert man komplexe Inhalte in Form von Abbildungen und Diagrammen? Wie viel Text ist angemessen? Wie setzt man Farbe effektiv ein? Welche Computerprogramme sind besonders gut geeignet, um Poster zu gestalten? Schließlich stellen sich Fragen, wie Poster effizient präsentiert werden können: Wie kann die Information eines Poster in einem kurzen Vortrag von 3 min präsentiert werden? Wie kann man in dieser kurzen Zeit auf den Punkt kommen? Wie beantwortet man Fragen und Kritik kompetent und kurz? Wie geht man mit Kritik um? Letztlich geht es um die Frage: Wie gestalte man ein gutes Poster und wie präsentiert man es? Ziel des vorliegenden Buches ist es, einige Antworten auf diese Fragen zu geben.

Im Prozess der Postergestaltung ergeben sich viele konkrete Fragen

Die Struktur dieses Buches orientiert sich an diesen Fragen und an den Schritten, die bei der Erstellung eines Posters durchlaufen werden:

Dieses Buch gibt darauf einige Antworten

1. Wir beginnen mit ein paar Worten zu den Besonderheiten, den Vor- und Nachteilen und den Möglichkeiten, die Poster als Präsentationsform bieten (▶ Kap. 2).
2. Bevor es an die eigentliche Gestaltung geht, stehen einige vorbereitende Dinge auf dem Plan: Oft muss ein aussagekräftiges Abstract verfasst und eingereicht werden, es müssen Entscheidungen bzgl. der Inhalte und des groben Formats getroffen werden und ein Storyboard sowie das grobe Raster entworfen werden (▶ Kap. 3).
3. Den Kern bildet dann die Auswahl und Gestaltung allgemeiner Aspekte, wie z. B. Farbe, Schriften und die Gestaltung einzelner Elemente, darunter Texte, Abbildungen und andere Elemente (▶ Kap. 4).
4. Sind diese gestalterischen Entscheidungen gefallen und stehen Inhalte und Form in groben Zügen fest, geht es an die Erstellung einer „elektronischen" Version am PC. Dazu können verschiedene Programme benutzt werden, von denen Microsoft Powerpoint eines der weit verbreiteten Programme ist (▶ Kap. 5).
5. Schließlich gibt es ein paar Dinge zu beachten bei der Erzeugung der Druckvorlage und der Entscheidung, wie das Ganze im Druck zu Papier gebracht werden soll (▶ Kap. 6).
6. Im letzten Kapitel beschäftigen wir uns mit der angemessenen Präsentation und Diskussion des Posters auf einem Kongress oder einer Tagung (▶ Kap. 7).

Poster – die etwas andere Präsentation

Inhaltsverzeichnis

2.1   Was ist das besondere an Postern? – 6

2.2   Vor- und Nachteile – 7

Literatur – 9

© Springer-Verlag GmbH Deutschland, ein Teil von Springer Nature 2020
G. Domes und R. Christe, *Wissenschaftliche Poster gestalten und präsentieren*,
https://doi.org/10.1007/978-3-662-61496-9_2

2.1 Was ist das besondere an Postern?

Poster sind Kommunikationsmittel

Poster finden sich auf so gut wie jedem Kongress und zieren viele Institutsflure und Labore als Trophäen oder Überbleibsel von Kongressbesuchen. Poster ermöglichen die Präsentation einer Vielzahl von Studien in kurzer Zeit. In Postersessions werden auf Kongressen nicht selten mehrere Hundert Poster gleichzeitig innerhalb von 1,5 oder 2 h präsentiert. In dieser Zeit flanieren die Kongressteilnehmenden durch einen Wald von Posterwänden und suchen sich die für sie persönlich interessanten Poster heraus, um diese näher zu betrachten um mit den Autorinnen oder Autoren in den wissenschaftlichen Austausch zu kommen. Nicht selten finden sich am Poster Expertinnen und Experten ein, die v. a. mit dem wissenschaftlichen Nachwuchs ins Gespräch kommen wollen. Auch als inoffizielle Stellenbörse oder zur Sichtung geeigneter Kandidaten und Kandidatinnen werden Postersessions von Zeit zu Zeit genutzt. Nicht zu zuletzt bieten Postersessions eine gute Gelegenheit, andere Doktorierende und Postdocs kennenzulernen und Netzwerke zu knüpfen.

Poster werden als „illustrierte Abstracts" präsentiert

Poster werden in der Regel in Form einer Posterpräsentation vorgestellt. Einer der Autoren oder eine der Autorinnen steht für einen definierten Zeitraum am Poster zur Verfügung für Fragen und Diskussionen mit interessierten Kongressteilnehmenden. Bei der Gestaltung eines wissenschaftlichen Posters kommt es weniger darauf an, möglichst viel auf der zur Verfügung stehenden Fläche unterzubringen, um eine Untersuchung möglichst vollständig oder erschöpfend zu berichten. Theoretisch wäre es möglich, ein komplettes Manuskript mit mehreren Abbildungen und Tabellen auf dieser Fläche unterzubringen – immerhin steht auf einem DIN A0 Poster die Fläche von 16 DIN A4 Seiten zur Verfügung. Es wäre jedoch ein grober Fehler, zu versuchen gewissermaßen eine wissenschaftliche Wandzeitung zu erstellen. Es geht vielmehr darum, möglichst kurz und prägnant die Kernergebnisse und die verwendeten Methoden einer Untersuchung zu berichten, um mit einem interessierten Fachpublikum in einen Austausch zu kommen. Dazu werden die Hauptergebnisse in wenigen Abbildungen so aufbereitet, dass sie ohne längere Erklärungen verständlich sind. Die Texte erläutern Methoden und Ergebnisse in wenigen Worten und deuten mögliche Schlussfolgerungen, kritischen Punkte oder Folgeuntersuchungen an. Demnach ist das Hauptanliegen eines Posters die Aufmerksamkeit potenzieller Betrachter zu erwecken und zum Gespräch über den Inhalt anzuregen. Poster sollen im wahrsten Sinne des Wortes attraktiv sein, sie sollen also möglichst viele Kolleginnen und Kollegen anziehen.

> **Posterpreise**
> Preise werden von vielen wissenschaftlichen Fachgesellschaften für die beste(n) Posterpräsentation(en) eines Kongresses ausgelobt. Dabei werden sowohl die Inhalte und die Gestaltung des Posters als auch die Präsentation durch den Hauptautor oder die Hauptautorin von einem Begutachtungsgremium betrachtet und bewertet. Das Gremium setzt sich regelmäßig aus etablierten Wissenschaftlerinnen und Wissenschaftlern zusammen, welche anhand eines Kriterienkataloges eine bestimmte Auswahl an Postern bewerten und eine Rangliste der besten Beiträge erstellen. Die Begutachtungskriterien orientieren sich an den üblichen Kriterien für wissenschaftliche Publikationen. Neben der inhaltlichen Kriterien wie Originalität, Innovation, und Relevanz werden formale Aspekte wie Gestaltung und die Korrektheit der Darstellung z. B. von Literaturliste, Abbildungsbeschriftung u. ä. beurteilt. Es lohnt sich demnach neben den Inhalten der Gestaltung ein wenig Aufmerksamkeit zu widmen. „Schöne" Poster haben oft bei solchen Prämierungen die Nase vorn.

2.2 Vor- und Nachteile

Poster haben im Vergleich zu klassischen Vorträgen einige Vor- und Nachteile. Bei vielen Kongressen besteht die Wahl, neben Vorträgen in organisierten Symposien auch freie Vorträge oder Poster anzumelden. In der Regel sehen deutlich mehr „slots" für Poster als für Vorträge zur Verfügung. Dennoch sollte man sich von Einreichung eines Abstracts überlegen, welches Format am geeignetsten ist, um die eigenen Ergebnisse vorzustellen.

Während ein Poster durch die beschränkte Fläche zur Kürze zwingt und sich damit vor allem für die Präsentation einzelner, nicht zu komplexer Studien eignet, lassen sich in Vorträgen auch mehrere Studien darstellen. Ein weiterer großer Vorteil von Postern gegenüber Vorträgen ist, dass sie das Publikum zielgerichtet ansprechen und das direkte Gespräch im unmittelbaren Kontakt mit Kolleginnen und Kollegen erlauben. Schließlich können Poster häufiger und bei weiteren Anlässen verwendet werden und sprechen gewissermaßen für sich. Sie finden daher oft den Weg an die Wand im eigenen Büro, Labor oder Institutsflur und dokumentieren damit dauerhaft die Forschungstätigkeit einer Arbeitsgruppe. Nicht zu zuletzt kann die Präsentation eines

Die Vorteile von Postern gegenüber Vorträgen

Die Nachteile von Postern

Posters vor einer überschaubaren Anzahl von Zuhörerinnen und Zuhörern ein Einstieg in die Vortragstätigkeit sein, vor allem, wenn man unter einem erhöhten Maß an „Lampenfieber" leidet.

Den Vorteilen gegenüber stehen ein paar Einschränkungen, wie zum Beispiel die Tatsache, dass der vorgegebene Rahmen sehr beschränkt und in manchen Fällen nicht ausreichend ist, um sehr umfangreiche Untersuchungen oder Übersichtsarbeiten zu präsentieren. Zudem sollte man sich im Klaren darüber sein, dass kurzfristige Änderungen an einem bereits gedruckten Poster auf die Korrektur kleinerer Unschönheiten beschränkt sind. Die Druckosten sind zwar durch das Vorhandensein eines entsprechenden Druckers oder Plotters in der Institution oftmals zu vernachlässigen, können aber bei kommerziellen Anbietern für ein Poster in DIN A0 schnell 50 EUR oder mehr betragen, je nach Papier und Veredelung – dazu später mehr (▶ Abschn. 6.4). Schließlich wird der Aufwand bei der Gestaltung eines Posters oftmals unterschätzt, zumindest erscheint der Aufwand nicht geringer als die Gestaltung von Präsentationsfolien für einen Vortrag (◘ Tab. 2.1).

◘ Tab. 2.1 Vor- und Nachteile von Postern gegenüber Vorträgen

Vorteile	Nachteile
Format zwingt zu Stringenz und Kürze	Format für umfangreiche Untersuchungen ungeeignet
Zielgerichtete Ansprache Interessierter möglich	Wenig flexibel; Spontane Änderungen nach der Erstellung nicht möglich
Unmittelbarer Kontakt mit Zuhörern	Bei Postersessions Konkurrenz mit vielen weiteren Präsentationen
Wiederverwendbar. Kann bei weiteren Anlässen verwendet werden	Aufwendig in der Gestaltung; Vorbereitung
Ohne Anwesenheit der/des Vortragenden aussagekräftig	Druckkosten
Guter Einstieg in wissenschaftliche Vorträge, auch bei starkem Lampenfieber	

Poster als didaktisches Mittel in der Lehre

Ein interessanter Einsatzbereich von Postern besteht in der Verwendung in der (akademischen) Lehre als didaktisches Mittel im Rahmen von Seminaren, Praktika und Workshops. Während die Verwendung von Postern als Möglichkeit zur Ergebnispräsentation von Gruppenarbeiten auf der Hand liegt, lassen sich Poster auch zur Prozessunterstützung beim selbstgesteuerten Lernen einsetzen (vgl. Pauli und Buff 2005). Postersitzungen im Rahmen von Gruppenveranstaltungen bieten zunächst einmal die Möglichkeit in kurzer Zeit mehrere Ergebnispräsentationen in einer weniger ermüdender Form unterzubringen.

Pauli und Buff (2005) spezifizieren schließlich, worin sie den größten Nutzen bei Einsatz von Postern zur Ergebnispräsentation sehen:

– Die vertiefte Auseinandersetzung mit den Lerninhalten, v. a. durch Reduktion und unmittelbare Interaktion mit den Zuhörenden
– Die Notwendigkeit Inhalte verständlich, korrekt, leserfreundlich und ästhetisch ansprechende darstellen zu müssen
– Die Möglichkeit der effizienten Evaluation der eigenen Arbeit durch Mitstudierende und Dozierende.
– Erlernen einer wichtigen wissenschaftlichen Arbeitstechnik

Neben dem Einsatz als Mittel zur effizienten Ergebnispräsentation in überschaubaren Gruppen, sehen Pauli und Buff einen weiteren Nutzen als Prozessunterstützung im selbstgesteuerten Lernen. Im Sinne eines Lerngerüsts stellen schriftliche Anleitungen zur Gestaltung eines Posters und ein Zeitplan strukturelle Lernunterstützungen dar, die selbstgesteuertes Lernen fördern können. Insofern ist die Gestaltung des Posters selbst Teil der Lernerfahrung und kann die Vermittlung von Inhalten unterstützen. Ein ausführliches Beispiel findet sich bei Pauli und Buff (2005).

Literatur

Pauli C, Buff A (2005) Postergestaltung in der Lehre. Beiträge zur Lehrerinnen- und Lehrerbildung 23:371–381

Vorbereitungen – bevor es richtig losgeht

Inhaltsverzeichnis

3.1 Abstract – 12

3.2 Inhalte – was soll drauf auf's Poster? – 17
3.2.1 Einleitung – 18
3.2.2 Fragestellung/Ziel(e)/Hypothesen – 18
3.2.3 Materialien und Methoden – 19
3.2.4 Ergebnisse – 20
3.2.5 Diskussion und Schlussfolgerungen – 20
3.2.6 Anmerkungen, Literatur, Kontaktinformationen – 21

3.3 Format – 22
3.3.1 Ausrichtung – Hoch- und Querformat – 22
3.3.2 Größe – DIN-Formate in Zentimetern und Zoll – 23

3.4 Struktur und Gestaltungsraster – 25

3.5 Storyboard – die grobe Skizze als Plan – 29

© Springer-Verlag GmbH Deutschland, ein Teil von Springer Nature 2020
G. Domes und R. Christe, *Wissenschaftliche Poster gestalten und präsentieren*,
https://doi.org/10.1007/978-3-662-61496-9_3

3.1 Abstract

Poster für Kongresse erfordern oft die Einreichung eines Abstracts

Soll ein Poster auf einer Konferenz, Kongress oder einer Tagung präsentiert werden, beginnt das Posterprojekt in der Regel mit dem Schreiben und Einreichen einer Zusammenfassung bzw. eines Abstracts. Diese Zusammenfassung dient der Kongressorganisation als Grundlage für die Auswahl der zu präsentierenden Poster, denn oftmals ist der zur Verfügung stehende Raum und damit die Anzahl der Poster begrenzt. Auf einigen Konferenzen werden anhand der Abstracts Poster inhaltlich gruppiert und in manchen Fällen in sog. „Posterbegehungen" bzw. „Postersessions" zusammengefasst und präsentiert. Der Abstract ist gewissermaßen die Eintrittskarte zur Posterpräsentation. Die Einreichung erfolgt bis zu einer definierten Frist („Deadline"), die der Internetpräsenz des Kongresses bzw. der Kongressankündigung zu entnehmen ist. Die Begutachtung der Abstracts erfolgt dann durch ein Begutachtungsgremium, welches die Einreichungen nach wissenschaftlicher Qualität bewertet und zu jedem potenziellen Beitrag ein Votum abgibt. Normalerweise ist die Ablehnungsquote relativ gering (verglichen mit der Ablehnungsquote von Artikeln für Fachjournale), dennoch sollte selbstverständlich auf die Qualität des eingereichten Beitrags besonderes Augenmerk gelegt werden.

Abstracts werden oft veröffentlicht

Regelmäßig werden sämtliche Abstracts einer Tagung in einem Kongressband bzw. eines Abstractband zusammengefasst und den Kongressteilnehmenden zur Verfügung gestellt – oftmals bereits im Vorfeld der Tagung, um die Planung eines persönlichen Kongressprogramms zu ermöglichen. In manchen Fällen erfolgt die Publikation in einem Journal, sodass die Abstracts zitierbar sind und einer breiteren wissenschaftlichen Öffentlichkeit zur Verfügung stehen.

Abstracts sind keine vollwertige Veröffentlichung

Oftmals beabsichtigt man die spätere Publikation in Form eines Journalartikels. Die vorherige Veröffentlichung einer Studie als Abstract in einem Abstractband oder einer speziellen Kongressausgabe („Special Issue") eines Journals stellt kein generelles Hindernis für eine spätere Publikation dar. Abstracts gelten nicht als vollwertige Publikation, spätere Veröffentlichungen sind demnach keine Doppelpublikation oder problematisch im Sinne eines „Selbstplagiat". In manchen Fällen verlangen Journals die Offenlegung, ob die Daten zuvor in irgendeiner Form als Poster oder in Rahmen eines Vortrags einer wissenschaftlichen Öffentlichkeit vorgestellt wurde.

Beachten Sie sich bei der Einreichung eines Abstracts die Vorgaben des Veranstalters

Es versteht sich von selbst, dass die Richtlinien der betreffenden Konferenz bezüglich Form und Inhalt des

3.1 · Abstract

Abstracts einzuhalten sind. Viele Konferenzen verlangen inzwischen die Einreichung in elektronischer Form bzw. die Eingabe der relevanten Informationen in Eingabemasken von Online-Formularen. In einigen Fällen werden Abstracts verlangt, die sich an der Struktur wissenschaftlicher Journalartikel orientieren. Die übliche Struktur umfasst: Titel, Autoren, Einleitung oder Hintergrund, Fragestellung, Methoden, Ergebnisse, Diskussion und Schlussfolgerungen. Teilweise wird keine explizite Struktur vorgegeben. Dennoch ist es empfehlenswert sich zumindest grob – der Vollständigkeit halber – an den genannten Punkten zu orientieren.

> ▶ **Beispiel für einen Abstract (Deutsch und strukturiert)**
>
> [Titel] Oxytocin erhöht die Salienz von Gesichtern bei Männern mit Autismus
> [Autoren] Sabine Erstautorin (1), Gerhard Zweitautor (2), ..., Hermine Letztautorin (1)
> [Affiliationen; Beteiligte Institutionen]
> 1. Abteilung für Biologische und Differentielle Psychologie, Albert-Ludwigs-Universität Freiburg
> 2. Klinik für Psychiatrie und Psychotherapie, Universitätsklinikum Freiburg
>
> [Abstracttext; hier strukturiert]
> **Hintergrund:** Personen mit Autismus (ASD) zeigen eine geringere Aufmerksamkeit für sozial-relevante Stimuli, wie z. B. Gesichter. Das Neuropeptid Oxytocin beeinflusst die Verarbeitung von sozialen Reizen positiv. In dieser Studie wurde die Modulation der impliziten Aufmerksamkeit durch Oxytocin bei einer Gruppe von Männern mit der Diagnose Asperger-Syndrom untersucht.
> **Methoden:** In einem doppelblinden, placebo-kontrollierten, Crossover-Design wurde das Dot-Probe-Paradigma genutzt, um den Effekt einer einzelnen Dosis Oxytocin (24IU) auf die implizite Aufmerksamkeit bei einer Gruppe von Teilnehmern mit ASD (n = 30) mit einer neurotypischen Kontrollgruppe zu vergleichen. Neben der Aufmerksamkeitspräferenz (Attentional Bias) für Abbildungen von Gesichtern gegenüber Häusern, wurden auch die Maße für die Vigilanz (Allokation) und Bindung der Aufmerksamkeit (Adhärenz) untersucht. Die Präsentationszeit der Stimuli wurde variiert (100 ms vs. 500 ms). Um die explizite visuelle Aufmerksamkeit zu kontrollieren, wurden die Blickbewegungen mittels eines Remote-Eye-Trackers aufgezeichnet.
> **Ergebnisse:** In beiden Gruppen zeigte sich kein Effekt der Oxytocingabe auf den Attentional Bias oder die Adhärenz. In der Allokation der impliziten Aufmerksamkeit zeigte sich ein spezifischer Effekt von Oxytocin in der ASD Gruppe bei einer

Präsentationszeit von 500 ms: Nach Oxytocingabe war die Allokation zu sozialen Stimuli (Gesichtern) in der ASD Gruppe signifikant erhöht und erreichte das Niveau der Kontrollgruppe. Die zusätzliche Analyse bzgl. der sozialen Ängstlichkeit in der ASD Gruppe zeigt einen differenziellen Effekt: Hoch sozial-ängstliche Teilnehmer zeigen unter Placebo, im Gegensatz zu niedrig sozial-ängstlichen, eine Verschiebung der Aufmerksamkeit weg von sozialen Stimuli, welche sich nach Oxytocin-Gabe umkehrt.

Schlussfolgerung: Oxytocin fördert die implizite Aufmerksamkeit für soziale Stimuli bei Männern mit ASD in einem kontrollierten experimentellen Kontext. Obwohl diese Ergebnisse auf ein therapeutisches Potenzial bzgl. sozio-kognitiver Schwierigkeiten hindeuten, fehlen bislang aussagekräftige Ergebnisse kontrollierter klinischer Studien. ◄

> ► **Beispiel für ein Abstract (Englisch und unstrukturiert)**

[Titel] The 'Trier Social Stress Test for Groups' (TSST-G): Development and evaluation of a standardized psychosocial laboratory stressor in a group format

[Autoren] Sabine Erstautorin (1), Gerhard Zweitautor (2), …, Hermine Letztautorin (1)

[Affiliationen; Beteiligte Institutionen]
1. Department of Psychology, University of Freiburg, Germany
2. Department of Psychology, University of Dresden, Germany

[Abstracttext; hier nicht strukturiert]
The Trier Social Stress Test (TSST) is a standardized psychosocial laboratory stressor, which enables a naturalistic exposure to a socio-evaluative stressful situation with significant subjective, endocrine and autonomic stress responses. The TSST was developed for stress induction in a single-subject design. To date, there is no controlled evaluation of a laboratory stress test in a group format. We therefore undertook a randomized controlled trial to evaluate a group version of the TSST (TSST-G) in healthy men. In a balanced within-subject design, a total of 30 male subjects were exposed to the TSST-G and the control condition (group situation without evaluation). Several psychological (mood, anxiety, subjective ratings of stress) and biological parameters (heart rate, cortisol) were measured repeatedly. Initial data show that the TSST-G induced significant increases in salivary free cortisol responses. In conclusion, the TSST-G offers an experimentally economical solution to stress induction in groups. Furthermore, this test provides the opportunity to observe group-specific responses to stress in a group setting and

might be a useful tool for basic and clinical psychobiological stress research. ◄

Dem Titel des Abstracts bzw. des Posters kommt eine besondere Bedeutung zu. Kongressteilnehmende haben oftmals wenig Zeit für die Planung des persönlichen Kongressprogramms bzw. entscheiden spontan welcher Beitrag, welches Poster eingehender betrachtet werden soll. Der Titel eines Posters hat im Grunde zwei wichtige Funktionen: Er soll die Auswahl der Poster durch die Teilnehmer im Vorfeld des Kongresses erleichtern und während der Postersession, der Posterpräsentation möglichst viel Aufmerksamkeit erregen. Insofern ist der Titel des eigenen Beitrags so kurz und so aussagekräftig wie möglich zu formulieren. Im besten Fall beschreibt der Titel in aller Kürze das Hauptergebnis der Studie oder formuliert die Fragestellung möglichst treffend und weckt damit das Interesse ohne Lektüre des zugehörigen Abstracts.

Der Titel des Posters spricht eine spezifische Zielgruppe an

> ▶ **Beispiele für kurze und aussagekräftige Titel**
> für kurze und aussagekräftige Titel :
> - „Ein 6-wöchiges Stressmanagement-Training reduziert die Fehlzeiten im Rettungsdienst"
> - „Effekte der Phasenkodierrichtung auf Suszeptibilitätsartefakte im fMRT bei 3T"
> - „Ist die Selbstwirksamkeitserwartung bei Studierenden der Psychologie abhängig von der Abiturnote?"
>
> - „Drug XY has an antidepressive effect in men with HIV"
> - „Plasma oxytocin is reduced in women with early childhood maltreatment"
> - „Virtually stressed? Psychophysiological effects of a new VR-based psychosocial stressor" ◄

Wenn es keine zwingenden Gründe für eine Abweichung von der Regel gibt, sollten der Titel des Abstracts und der des Posters identisch sein. Idealerweise stimmen natürlich auch die Inhalte des Abstracts mit den Inhalten des Posters überein – zumindest sollten sich die Hauptergebnisse und die Schlussfolgerungen von Abstract und Poster nicht grob widersprechen. In manchen Fällen sind Änderungen nötig, wenn sich z. B. Änderungen der Ergebnisse durch Anwendung anderer Analysemethoden ergeben, oder wenn Datensätze hinzugenommen oder entfernt werden müssen. Kleinere Abweichungen werden den wenigstens Kongressteilnehmenden auffallen. Sollte dies jedoch der Fall sein,

Abweichungen zwischen Abstract und Poster sind unschön aber manchmal unvermeidbar

Die Autorenschaft und Autorenreihenfolge sollte im Vorfeld mit allen Beteiligten abgestimmt werden

sollten Sie auch eine plausible Erklärung für die Abweichungen zwischen Abstract und Poster liefern können.

Wie bei allen wissenschaftlichen Publikationen, ist die Beteiligung in Frage kommender Autorinnen und Autoren vor Einreichung des Abstracts zu klären. Da es sich bei einem Abstract bzw. der Präsentation eines Posters um eine Veröffentlichung handelt (wenn auch einem kleineren Publikum als bei einem Journalartikel), sind im Grunde die üblichen Kriterien für eine Autorenschaft anzulegen: Autorinnen und Autoren sind alle Personen, die einen signifikanten intellektuellen Beitrag zur beschriebenen Studie und zum Poster geleistet haben, und mit ihrer Autorenschaft einverstanden sind. Die üblichen Kriterien finden sich z. B. in den Empfehlungen des International Committee of Medical Journal Editors (ICMJE; ▶ http://www.icmje.org/recommendations/browse/roles-and-responsibilities/defining-the-role-of-authors-and-contributors.html).

Für Zitationen gelten die grundlegenden Regeln wie für alle wissenschaftlichen Publikationen

Analog zu anderen wissenschaftlichen Publikationen gelten auch bei Postern die üblichen Regeln bezüglich der Wahrung des geistigen Eigentums anderer und der Vermeidung von Plagiaten. Kurz gesagt, sind sämtliche wörtlichen oder sinngemäßen Zitate durch korrekte Angaben der Quellen als solche zu kennzeichnen. Dies erscheint vor allem auf Postern relevant, wenn hier auf bereits publizierte Arbeiten in Einleitung, Methoden oder Diskussion bzw. Schlussfolgerungen Bezug genommen wird. Im Abstract kann auf die Zitation oft verzichtet werden, es sei denn die Angabe einer Referenz ist unerlässlich, z. B. wenn sich die Arbeit auf die Prüfung einer bereits publizierten spezifischen Theorie/Hypothese bezieht oder wenn der direkte Bezug zu einer bereits publizierten Arbeit zum Verständnis der vorgestellten Studie essenziell ist.

Abstract – Das Wichtigste in Kürze

— Zusammenfassung bzw. Abstract sind die „Bewerbung" für eine Posterpräsentation
— Inhalt und Struktur entsprechen weitgehend den Abstracts bei wissenschaftlichen Artikeln
— Abstracts der angenommenen Poster werden veröffentlicht (Kongressband oder Journal)
— Achten Sie auf Widerspruchsfreiheit zwischen Abstract und Poster
— Besondere Aufmerksamkeit verdient der Titel. Ein kurze und klare Aussage bzgl. des Hauptergebnisses der Studie ist ideal

3.2 Inhalte – was soll drauf auf's Poster?

Auf machen Kongressen werden bestimmte Inhalte bzw. Abschnitte zwingend verlangt, z. B. Abstract, Referenzen, oder die Angaben der Förderinstitution. Auch bezüglich der Posterinhalte sind die Vorgaben der Kongressorganisation maßgeblich. Diese finden sich in der Regel auf der entsprechenden Internetseite der Kongressankündigung ("call for papers").

Neben dem Titel, den Namen der Autorinnen und Autoren, deren Institutionen bzw. Affiliationen und ggf. dem Logo der beteiligten Institution(en) sind die üblichen Inhalte folgende:

- Zusammenfassung (Abstract) – eher selten und nur falls explizit verlangt
- Einleitung oder Hintergrund (Introduction oder Background)
- Fragestellung/Ziel(e)/Hypothesen (Questions, Aims, Hypotheses)
- Materialien und Methoden (Materials and Methods)
- Ergebnisse (Results)
- Diskussion und Schlussfolgerungen (Discussion and Conclusion)
- Anmerkungen (Acknowledgements)
- Literatur (References)
- Kontaktinformationen (Contact Information)

Die genannten Elemente sind im Grunde die Bausteine, aus denen ein Poster aufgebaut wird und die inhaltlich die wesentlichen Informationen transportieren. Mit Platzhaltern für diese Bausteine erstellt man im nächsten Schritt das Storyboard, also den groben Entwurf des Posters ▶ Abschn. 3.5.

Grundsätzlich gilt: Je kürzer, desto besser! Poster leiden gewissermaßen unter chronischem Platzmangel. Fassen Sie sich also so kurz wie möglich. Hinterfragen Sie jede Formulierung, ob Sie unnötige Füllwörter enthält oder noch kürzer zu fassen wäre. Die meisten Kongressteilnehmenden haben wenig Zeit und wollen den Inhalt und die Hauptaussage eines Posters in wenigen Minuten erfassen können. Längere Textabschnitte oder für die Hauptaussage unwichtige Details sind unbedingt zu vermeiden. Als grober Faustregel gilt: Insgesamt nicht mehr als 800–1000 Wörter auf dem Poster unterbringen. Diese verteilen sich in etwa gleich auf die vier Hauptabschnitte: Einleitung, Methoden, Ergebnisse, Diskussion. Wo immer möglich, versuchen Sie Text durch aussagekräftige grafische Elemente zu ersetzen.

> Alles Wichtige muss in 800–1000 Wörtern gesagt werden. Abbildungen helfen oft dieses Limit einzuhalten.

3.2.1 Einleitung

Die Einleitung begründet stringent und konzise die Fragestellung und die Hypothesen

Die Einleitung („Introduction") beschreibt den theoretischen und empirischen Hintergrund („Background") der vorgestellten Studie. Hierzu gehört das zugrunde liegende Modell oder die Theorie auf denen die Arbeit aufbaut und eventuell zum Thema bereits publizierte Arbeiten. In aller Kürze beschreibt man die Vorarbeiten, aus denen sich die Fragestellungen, Ziele und Hypothesen Ihrer Arbeit ableiten. Der Umfang sollte 200 Wörter nicht überschreiten – ein Teil davon entfällt auf Fragestellung, Ziele und Hypothesen (siehe nächster Abschnitt). In dieser Kürze ist eine erschöpfende Darstellung der theoretischen und empirischen Vorarbeiten in der Regel nicht möglich, an dieser Stelle aber auch nicht notwendig. Man kann grundsätzlich davon ausgehen, dass ein Fachpublikum allgemeines Vorwissen besitzt. Bei einem Kongress zur Klinischen Psychologie und Psychotherapie ist zum Beispiel damit zu rechnen, dass alle Teilnehmenden mit den Diagnosekriterien und der Psychopathologie psychischer Störungen vertraut sind. Eine Erörterung dieser Grundlagen kann man sich also getrost sparen. Man sollte stattdessen den knappen Raum für die stringente und konzise Herleitung der spezifischen Fragestellung, der Ziele und der Hypothesen der beschriebenen Studie nutzen.

3.2.2 Fragestellung/Ziel(e)/Hypothesen

Fragestellung, Ziele und Hypothesen sollten explizit genannt werden

Fragestellung, Ziele und Hypothesen („Research question, aims, hypotheses") leiten sich im Idealfall aus der Einleitung ab, indem sie eine vorhandene Forschungslücke oder eine Erweiterung des bereits Bekannten darstellen. In manchen Fällen werden sie als letzter Punkt der Einleitung genannt und rangieren dann nicht unter einer eigenen Überschrift. Es ist dennoch wichtig, dass Fragestellung, Ziele und Hypothesen explizit genannt werden, um einerseits die Untersuchung und die Auswahl der Methoden zu begründen und andererseits eine Bewertung der Ergebnisse zu ermöglichen. Eine sinnvolle Einordnung der Ergebnisse ist nur möglich im Kontext der bereits bekannten und publizierten Vorbefunde und der daraus abgeleiteten Fragestellung, Ziele und Hypothesen der vorliegenden Arbeit. Eine (grafische) Hervorhebung von Zielen/Fragestellung/Hypothesen kann als „optischer Anker" sinnvoll sein, um dem Betrachter den Einstieg in das Poster zu erleichtern. In diesem Fall kann die Fragestellung ganz am Anfang des Posters genannt werden.

3.2.3 Materialien und Methoden

In diesen Abschnitt gehören alle Informationen, die benötigt werden, um zu verstehen mit welchen Methoden („Methods") die Fragestellung bearbeitet wurde (vorheriger Abschnitt) und mit welchen Verfahren die Ergebnisse (nächster Abschnitt) erlangt wurden. Hierzu gehört zum Beispiel die Beschreibung folgender Aspekte, wobei die Zusammenstellung von der jeweiligen Untersuchung abhängt:
- Stichprobenbeschreibung; Anzahl und wichtige Merkmale der Versuchspersonen/Versuchstiere („Subjects/Participants")
- Versuchsdesign (Unabhängige und abhängige Variablen) („[Experimental] Design")
- Versuchsablauf, Untersuchungsprotokoll („Protocol")
- Verwendete Geräte, Materialien („Materials")
- Auswertungsmethoden und statistische Verfahren („Statistical analyses")

Im Gegensatz zu der Beschreibung der Methoden in einem Journalartikel, durch welche die Leserinnen und Leser potenziell in die Lage versetzt werden sollen, die Arbeit möglichst genau replizieren zu können, liegt der Schwerpunkt bei einem Poster auf der Auswahl der Methoden, die für das Verständnis der Untersuchung unbedingt notwendig sind. Beschränken Sie sich also unbedingt auf die Beschreibung der Methoden, die unverzichtbar sind. Details können im Falle von Nachfragen immer noch persönlich am Poster geklärt werden. Auch bleibt die Möglichkeit, diese Fragen per Email im Nachgang zu beantworten.

Komplexe Versuchsanordnungen und -aufbauten lassen sich oftmals besser mit einer schematischen Abbildung oder einem Foto darstellen als in einem beschreibenden Text. Ein Bild sagt hier in der Tat manchmal mehr als tausend Worte. Insbesondere bei der Beschreibung von Versuchsdurchgängen, die einem immer wiederkehrenden Schema folgen oder der Beschreibung eines Versuchsablaufs sind Abbildungen oft deutlich effizienter als Beschreibungen mittels Text. In manchen Fällen sind bewegte Bilder hilfreich, die Sie z. B. mithilfe einer kurzen Videosequenz auf einem Tablet oder einem Smartphone in Endlosschleife ablaufen lassen können. Solange Sie sich an Ihrem Poster befinden, können das Gerät am Poster platzieren, wenn Sie ihr Poster verlassen, können Sie einen Platzhalter in Form eines QR-Codes hinterlassen, über den das Video abrufbar bleibt, auch wenn Sie selbst mit Ihrem Mobilgerät unterwegs sind.

> Die Methoden sollten nur die wesentlichen Materialien und Prozeduren enthalten

> Abbildungen, Diagramme und schematische Darstellungen helfen bei komplexen Methoden

3.2.4 Ergebnisse

Ergebnisse sollten beschrieben und wenn möglich durch Daten belegt werden

Die Ergebnisse („Results") stehen im Zentrum des Posters und der zugehörigen Präsentation. Der Darstellung der Ergebnisse sollte besondere Aufmerksamkeit gewidmet werden. Inhaltlich sollte man sich auf die interessantesten und zentralen Ergebnisse der Untersuchung beschränken. Am besten findet man sich gleich zu Beginn damit ab, dass nicht alle Ergebnisse, die womöglich von Bedeutung sind, berichtet werden können. Der beschränkte Raum eines Posters sollte vor allem der Darstellung der zentralen Ergebnisse vorbehalten sein, die sich direkt auf die genannte Fragestellung bzw. Hypothesen beziehen. Auf jeden Fall sollten alle quantitativen Aussagen mit deskriptive Statistiken belegt werden, z. B. in Form von Mittelwerten, Streuungen, Standardabweichungen, Konfidenzintervallen, Korrelationen usw. Begnügen Sie sich nicht mit Aussagen („Gruppe A hatte mehr Angst als Gruppe B"), belegen Sie Ihre Aussagen mit den entsprechenden Daten (in aggregierter Form).

Statistische Ergebnisse sollten mit den entsprechenden Kennwerten belegt werden

Oft ist für die Beschreibung quantitativer Ergebnisse eine Grafik einer Beschreibung in einem reinen Textabschnitt vorzuziehen. Bei inferenzstatistischen Auswertungen sind die Kennwerte der entsprechenden Tests zu berichten, so wie man es in einem wissenschaftlichen Journalartikel erwarten würden. Auch hier gilt: Platzsparende Auslassungen sind erwünscht, wenn es sich um sekundäre Ergebnisse handelt, die nicht zur Beantwortung der formulierten Fragestellung und Hypothesen essentiell sind. Große Mengen an Ergebnissen sollten soweit es geht verdichtet werden. Tabellen eignen sich oftmals nicht für Poster, da sie zu viel Raum einnehmen und in der Kürze der Zeit vom Betrachter nicht vollumfänglich erfasst werden können. Der effizienten Darstellung von deskriptiven Statistiken mit Hilfe von Grafiken und Diagrammen widmen wir uns in ▶ Abschn. 4.3.4.

3.2.5 Diskussion und Schlussfolgerungen

Die Diskussion enthält die Interpretation der Ergebnisse und eventuelle Limitationen

Die sog. Diskussion („Discussion") beinhaltet die Bewertung der Ergebnisse hinsichtlich der Fragestellung und Hypothesen. Die Ergebnisse werden dahin gehend beurteilt, ob sie für die Hypothese sprechen oder eher dagegen. Bei widersprüchlichen Ergebnissen: Welche alternativen Erklärungen sind möglich? Daneben findet sich hier die allgemeine kritische Betrachtung der Studie. Welche methodischen Aspekte sind positiv hervorzuheben, welche erscheinen verbesserungsbedürftig? Welche Einschränkungen bzgl. der Interpretierbarkeit sind zu beachten („Limitations")?

Die Schlussfolgerungen („Conclusions") umfassen Aussagen zur Bedeutung und Relevanz der Ergebnisse. Welche Auswirkungen für die weitere Erforschung des Untersuchungsgegenstandes ergeben sich aus den vorliegenden Ergebnissen? Haben die Ergebnisse eventuell praktische Relevanz? Schließlich können Sie hier einen Ausblick skizzieren, welche neuen Fragestellungen oder neuen Hypothesen sich aus den vorliegenden Ergebnissen ableiten lassen und welche Empfehlungen sich daraus für Folgestudien ergeben. Halten Sie sich auch bei diesen Ausführungen sehr kurz. Bleiben Sie so nah wie möglich bei Ihrer Studie. Widerstehen Sie der Versuchung, zu weitreichende Folgerung aus Ihrer Studie zu ziehen.

Die Schlussfolgerungen weisen kurz auf die Bedeutung und Relevanz der Ergebnisse hin

> **Umfang einzelner Abschnitte**
> Der gesamte Text auf dem Poster sollte nicht mehr als 800–1000 Wörter umfassen. Im Einzelnen:
> - Titel: max. 100–150 Zeichen (inkl. Leerzeichen) – eine Zeile ist besser als zwei
> - Einleitung/Fragestellung und Hypothesen: max. 150–200 Wörter
> - Methoden: max. 200 Wörter
> - Ergebnisse: max. 300–400 Wörter
> - Diskussion und Schlussfolgerungen: max. 200 Wörter
>
> Abbildungen, Diagramme, Grafiken, Tabellen o. ä. reduzieren den Textumfang. Von einer Verkleinerung der Schrift zur Kompensation wird dringend abgeraten.

3.2.6 Anmerkungen, Literatur, Kontaktinformationen

Anmerkungen, Literatur, und Kontaktinformationen finden sich häufig im „Abspann" des Posters und gehören daher (bis auf die Emailadresse für Korrespondenz) als Kleingedrucktes an das Ende des Posters.

In den Anmerkungen („Acknowledgements") bringen Sie Danksagungen, Informationen zur Forschungsförderung und eventuell Hinweise zu möglichen Interessenkonflikten unter. Hier können Sie auch den Hinweis auf eventuell online verfügbares ergänzendes Material (zusätzliche Ergebnisse, Daten, Abbildungen) usw. unterbringen, die von Interessierten heruntergeladen werden können.

Die Anmerkungen enthalten zusätzliche wichtige Informationen

Literaturangaben („References") sollten vollständig in einem einheitlichen, fachüblichen Stil enthalten sein. Bei psychologischen Kongressen bieten sich die Zitationsstile der großen Fachgesellschaften an: American Psychologi-

Wichtige Literaturangaben folgen den Gepflogenheiten der entsprechenden Fachrichtung

cal Association (APA; ▶ https://www.apastyle.org/manual) und Deutsche Gesellschaft für Psychologie (DGPs; ▶ https://www.hogrefe.de/fileadmin/user_upload/global/journals/Hogrefe_Goettingen/DIA/DIA_Richtlinien_zur_Manuskriptgestaltung.pdf). Achten Sie darauf, dass sämtliche auf dem Poster vorkommenden Referenzen hier auch vollständig gelistet sind. Kurzformen z. B. in Form einer Nennung der Erstautorin oder des Erstautoren und den bibliografischen Angaben zu Erscheinungsort und Jahr, z. B. Landmeyer, N.C. et al. Front. Neurol. 11, (2020), sind zulässig und platzsparend v. a. bei vielen Zitationen.

Kontaktinformationen

Die Kontaktinformationen sollten neben den Angaben zu Ihrer „Heimatinstitution" („Affiliation") zumindest eine Emailadresse und eventuell auch eine Telefonnummer enthalten. Hier können Sie auch Ihre Internetpräsenz angeben. Visitenkarten erscheinen im Zeitalter von Email und Internet antiquiert, sind jedoch für manche eine willkommene Gedächtnisstütze für die spätere Kontaktaufnahme. Dem heutigen Publikum ist der Umgang mit QR-Codes geläufig. QR-Codes helfen, die wichtigsten Kontaktinformationen elektronisch mit nach Hause zu nehmen (▶ Abschn. 4.4.3).

> **Inhalte – Das Wichtigste in Kürze**
>
> – Das Poster gliedert sich inhaltlich wie ein wissenschaftlicher Artikel
> – Titel, Einleitung, Fragestellung/Hypothesen, Methoden, Ergebnisse, Diskussion/Schlussfolgerungen
> – Ein Abstract nur einfügen, wenn dieser explizit verlangt wird
> – Anmerkungen, Literaturverzeichnis und Kontaktinformationen bilden den Abschluss

3.3 Format

3.3.1 Ausrichtung – Hoch- und Querformat

In vielen Fällen haben Sie keine Wahl: Hoch- oder Querformat werden von den Veranstaltern des Kongresses vorgegeben und ergeben sich meist schlicht und ergreifend aus der Verfügbarkeit entsprechender Stellwände. In manchen Fällen jedoch haben Sie die Wahl. Dann stellt sich die Frage: Was spricht für Hoch- oder Querformat?

Oftmals ist nur das Hochformat möglich

Auf deutschsprachigen Kongressen wird häufiger im Hochformat präsentiert. Das Hochformat lässt sich ähnlicher einer Zeitungsseite aufbauen und lesen. Wir als Betrachtende neigen grundsätzlich dazu, uns von oben links nach unten rechts durchzuarbeiten. Insofern entspricht das Hochformat stark unseren alltäglichen Lesegewohnheiten – zumindest in westlichen Kulturen. Zudem lassen sich bei maximaler Ausnutzung der Höhe mehr Poster auf derselben Stellfläche unterbringen.

Das Querformat hat zwei entscheidende Vorteile: In Augenhöhe angebracht sind auch die Elemente im unteren Bereich gut lesbar, ohne dass sich Betrachter herunterbeugen oder in die Knie gehen müssen. Das Querformat bietet vielfältigere Möglichkeiten der Unterteilung in Spalten, was die Gestaltung flexibler macht. Wir empfehlen daher wenn möglich das Querformat.

3.3.2 Größe – DIN-Formate in Zentimetern und Zoll

Auch hier haben Sie eine Größenbegrenzung, die durch die Fläche der vorhandenen Stellwände vorgegeben ist. In den meisten Fällen sind Poster bis zur Größe DIN A0 möglich. Viele Druckereien bieten dieses Format an und halten entsprechendes Papier und Drucker/Plotter vor. — DIN A0 ist das Standardformat

Die DIN-Formate zeichnen sich durch ihr genormtes Seitenverhältnis von 1:$\sqrt{2}$ aus. Halbiert man ein DIN-Format, entsprechen die beiden Hälften wieder exakt dieser Proportion. Das Grundformat der DIN A-Reihe (A0) entspricht genau einem Quadratmeter. Die DIN A-Reihe definiert beschnittene Endformate, die B-Reihe unbeschnittene Formate und die C-Reihe Umschläge und Verpackungen (◘ Tab. 3.1).

Eine kleine Eselsbrücke für die verschiedenen DIN-Formate bietet die Abkürzung „BAC": DIN B ist der Rohbogen, auf dem die Druckerei druckt, DIN A ist das fertige Poster, nachdem der Rohbogen bedruckt und beschnitten — DIN B, A und C

◘ Tab. 3.1 DIN-Formate in cm und Inch

DIN-Format	Maße in mm	Maße in Inch (Zoll)	Bemerkung
DIN A0	841 × 1189	33,1 × 46,8	Entspricht 1 m^2
DIN A1	594 × 841	23,3 × 33,1	Flipcharts
DIN A2	420 × 594	16,5 × 23,2	Wandkalender
DIN A3	297 × 420	11,6 × 16,5	Tageszeitung
DIN A4	210 × 297	8,2 × 11,6	Briefbogen
DIN A5	148 × 210		Schulhefte
DIN A6	105 × 148		Postkarte

Abb. 3.1 Zur Illustration – Wie groß ist A0?

wurde. DIN C haben die Umschläge, in die DIN A gesteckt werden kann.

Auf Kongressen in den USA werden Formate in Inch (alte Längeneinheit Zoll) angegeben. Die üblichen Formate in den USA orientieren sich in der Regel nicht an der deutschen Norm für DIN-Formate. Ein Inch (in oder ″) entspricht 25,4 mm. Somit misst das US-Letter-Format 8,5″ × 11″, was einem Längenverhältnis 17:22 entspricht. Das heißt, dass ein US-Letter-Blatt lückenlos und randbündig aus 17 × 22 = 374 Quadraten von einem halben Inch Seitenlänge besteht.

Typisch sind im Querformat 48″ × 36″ (am häufigsten), 60″ × 36″, 56″ × 42″. Im Hochformat wird häufig 30″ × 48″ empfohlen. Hin und wieder findet man auch quadratische Formate wie z. B. 48″ × 48″. In jedem Fall müssen Sie sich an die Vorgabe zur maximalen Größe halten, damit Ihr Poster nicht über die verfügbare Stellwand hinausragt, und somit zerknickt und unansehnlich wird oder den Posternachbarn beeinträchtigt (Abb. 3.1).

> In den USA gelten oft andere Formatvorgaben

> **Posterformat – Das Wichtigste in Kürze**
> - Hoch- oder Querformat? Wenn Sie die Wahl haben, lieber Querformat.
> - DIN A0 im Hochformat ist das übliche Format.
> - Bei internationalen Kongressen sind teilweise auch andere Formate üblich.
> - Informieren Sie sich auf der Kongresshomepage, welches Format vorgeschrieben ist.

3.4 Struktur und Gestaltungsraster

Neben dem Format ist es sinnvoll, sich bei der Gestaltung relativ früh für eine grobe Struktur zu entscheiden. Die Größe und Anordnung einzelner Elemente (Textfelder, Diagramme, Tabellen, etc.) werden idealerweise an einem Raster ausgerichtet und ergeben damit eine geordnete Struktur. Die Ausrichtung der einzelnen Elemente an einem Raster schafft Ruhe und Übersichtlichkeit auf dem Poster und hilft auch bei der Wahl der richtigen Größe der Abbildungen.

Ein festes Raster schafft Ordnung und hilft bei der Gestaltung

Spalten als Grundraster Für beide Formate (quer oder hoch) kann man als einfaches Raster in mehreren identischen Spalten denken. Im Hochformat ist ein zwei- oder dreispaltiges Layout sinnvoll. Im Querformat können es auch vier Spalten sein. Die einzelnen Spalten unterteilen sich in Sektionen, die dann entsprechend den Inhalten (▶ Abschn. 3.2) mit Überschriften oder Unterüberschriften zu bezeichnen sind und die einzelnen Elemente (Textfelder, Abbildungen, Tabellen) enthalten.

Spalten und Sektionen sind ein wichtiges Hilfsmittel

Die exakte Ausrichtung an den Spalten ist besonders wichtig, da schon leichte Abweichungen als unruhig und störend wahrgenommen werden. Die Stabilität des Rasters hilft, ein geordnetes Muster zu erkennen. Auch wenn es lästig erscheint, sollte man sich die Mühe machen und die Ausrichtung kontrollieren. ◘ Abb. 3.2 illustriert, wie störend eine ungenaue Ausrichtung empfunden wird.

Der goldene Schnitt Oftmals ist eine Abbildung, ein Diagramm oder ein Schaubild das zentrale Element des Posters, welches die wesentliche Information oder Botschaft enthält. Dieses Element kann als erstes platziert werden. Eine geeignete Stelle dafür befindet sich im sog. „goldenen Schnitt". Der goldene Schnitt bezeichnet den Punkt, der eine Strecke so teilt, dass das Verhältnis der größeren Teils zur ganzen Strecke, dem Verhältnis des kleines Teils zum größe-

Zentrale Elemente können im „goldenen Schnitt" platziert werden

Abb. 3.2 Warum Ausrichten so wichtig ist. Ein Beispiel

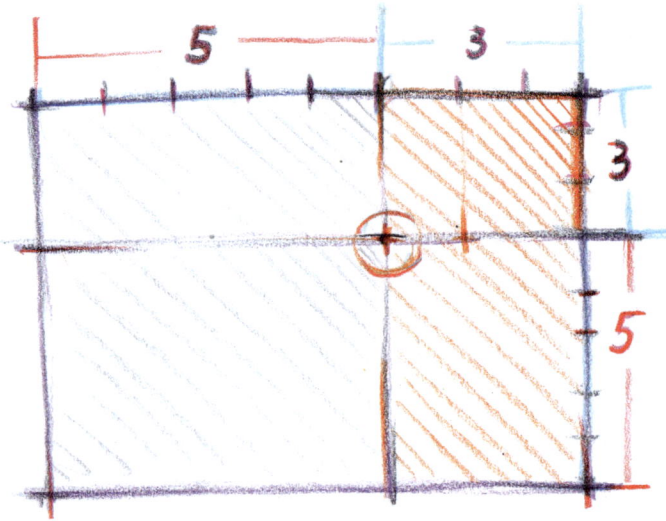

Abb. 3.3 Der goldene Schnitt

ren Teil entspricht (Abb. 3.3). Hört sich kompliziert an, ist aber praktisch relativ einfach zu finden, indem man eine Seite durch 8 teilt und dann diese in 5 bzw. 3 Teile bzw. bei ca. 60 % der Höhe und 60 % der Breite teilt. Damit ergeben sich prinzipiell 4 Punkte, an denen man ein oder zwei wesentliche Elemente des Posters platzieren kann.

> Ausreichend weiße Fläche schafft Übersichtlichkeit und Ruhe

„Weiße Flächen" Bei der Planung von Größe und Anordnung der einzelnen Posterelemente, sollte man sich bewusstmachen, dass Abstände essentiell sind. Ausreichend „weiße Fläche" zwischen Textfeldern, Abbildungen und Tabellen sorgen für mehr Ruhe und können genutzt werden, um einzelne Elemente hervorzuheben. Zu wenig weiße Fläche führt dazu, dass ein Poster überladen wirkt und als überfordernd und ermüdend empfunden wird. Einem Mangel an weißer Fläche sollte man nicht durch eine zu starke Verkleinerung der grafischen Elemente (Diagramme, Abbildungen, Tabellen) begegnen. Besser ist die Reduktion der Textmenge. Als Faustregel gilt: Mindestens 30 % der Papierfläche sollten leer und unbedruckt bleiben.

Lesefluss Bedenken Sie bei der Anordnung, dass der natürliche Lesefluss zumindest in westlichen Kulturen von oben links nach unten rechts verläuft. Auch daran können Sie sich bei der Anordnung der Elemente orientieren. Im Grunde beschreibt das sog. Gutenberg Diagramm die Neigung eine Vorlage von oben links nach unten rechts zu betrachten. Aus dieser Tendenz kann man im Grunde drei Anordnungsprinzipien ableiten: Eine z-förmige, eine Zick-Zack-artige und eine F-förmige Anordnung. Bei allen drei Möglichkeiten folgt die Anordnung der Postersektionen bzw. -elemente der übergeordneten Leserichtung von links oben nach rechts unten – siehe ◘ Abb. 3.4.

> Die Anordnung einzelner Elemente folgt dem Lesefluss

Sobald die Anordnung der Elemente von diesen üblichen Lesegewohnheiten abweicht, und man dem Betrachter helfen will, dem intendierten Lesefluss zu folgen, können die einzelnen Sektionen und Elemente auch aufsteigend nummeriert werden. Denkbar sind auch grafische Elemente wie Pfeile oder Linien, die dem Betrachter die intendierte Reihenfolge anzeigen.

Eine andere Möglichkeit ist die Anordnung der einzelnen Sektionen um ein wesentliches Element herum (z. B. um ein Ergebnisdiagramm im Zentrum des Posters) im Uhrzeigersinn. Auch hier kann eine zusätzliche Nummerierung der Sektionen hilfreich sein, um den Betrachter durch das Poster zu führen.

Schließlich kann auch mit Symbolen und Piktogrammen („Icons") gearbeitet werden. Fragezeichen können z. B. die Fragestellung oder Hypothesen andeuten, Ausrufezeichen die Ergebnisse. Hintergrund und Einleitung lassen sich durch einen stilisierten Text oder ein Buch, die Methoden durch Werkzeug oder eine Lupe symbolisieren.

> Grafische Hinweise unterstützen den Lesefluss

Jeweils ein Beispiel für klassische Spaltenraster für Quer- und Hochformat finden sich in ◘ Abb. 3.5.

Gestaltungsraster – Das Wichtigste in Kürze

- Wissenschaftliche Das Wichtigste in Kürze Poster haben üblicherweise eine Kopfzeile (Titel, Autoren, Institution) und 2–5 Spalten

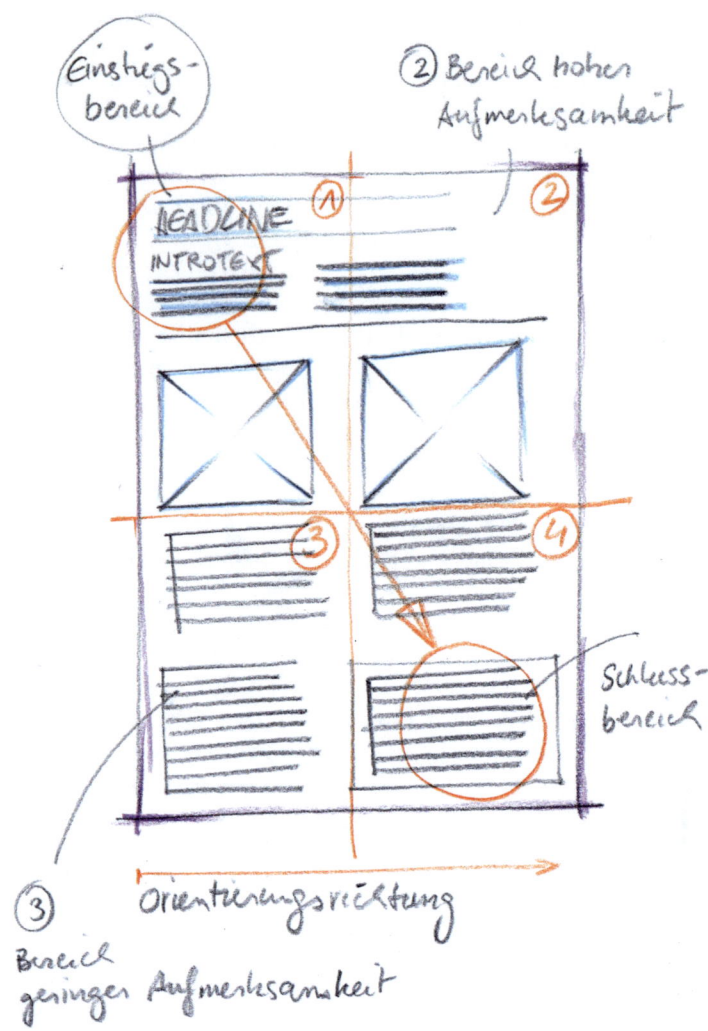

Abb. 3.4 Gutenberg Diagramm

- Die Spalten unterteilen sich in Sektionen
- Richten Sie einzelne Elemente an einem Raster (Spalten) aus
- Beachten Sie den goldenen Schnitt und das Gutenberg-Diagramm
- Unterstützen Sie den intendierten Lesefluss durch grafische Hilfsmittel
- Achten Sie auf ausreichend weiße Fläche
- Besonders wichtige Informationen sollten hervorgehoben werden

Abb. 3.5 Gestaltungsraster für DIN Hoch- und Querformat

3.5 Storyboard – die grobe Skizze als Plan

Ein Schritt der oftmals übersprungen wird, ist der Entwurf in Form eines Storyboards, also eines Entwurfs am besten mit Papier und Bleistift. Dieser grobe Entwurf enthält noch keine Inhalte, sondern Platzhalter für die wesentlichen Elemente des Posters und deren Anordnung. Das Storyboard dient der groben Planung und Visualisierung der Position und der Ausmaße der inhaltlichen Bausteine. Bei der Erstellung des Storyboards orientiert man sich am besten am gewählten Raster (▶ Abschn. 3.4) und skizziert die Inhalte entlang dieses Rasters. Hilfreich kann sein, wenn man gleich mehrere Exemplare des leeren Rasters erstellt, um bei Bedarf mehrere Entwürfe anfertigen zu können. Kurze Notizen, welche Inhalte für welche Platzhalter vorgesehen sind erleichtern das Sortieren bei der Erstellung des ersten Entwurfs (◘ Abb. 3.6).

Neben dem Storyboard für die Gestaltung kann man ergänzend auch ein inhaltliches Storyboard erstellen in Form von Stichworten und Spiegelstrichen (▶ Abschn. 3.2). Anhand dieses inhaltlichen Storyboards skizziert man die Auswahl und Abfolge der Inhalte, welche die Aussage des Posters stützen. Das inhaltliche Storyboard nimmt im Grunde die Kernaussagen des späteren Vortrags in groben Zügen vorweg. Wichtig ist natürlich, dass das gestalterische Storyboard und die inhaltliche Skizze ohne Widersprüche sind.

> Die erste grobe Skizze des Posters erfolgt auf Papier

> Das inhaltliche Storyboard enthält in Stichpunkten die Kernaussagen des Posters

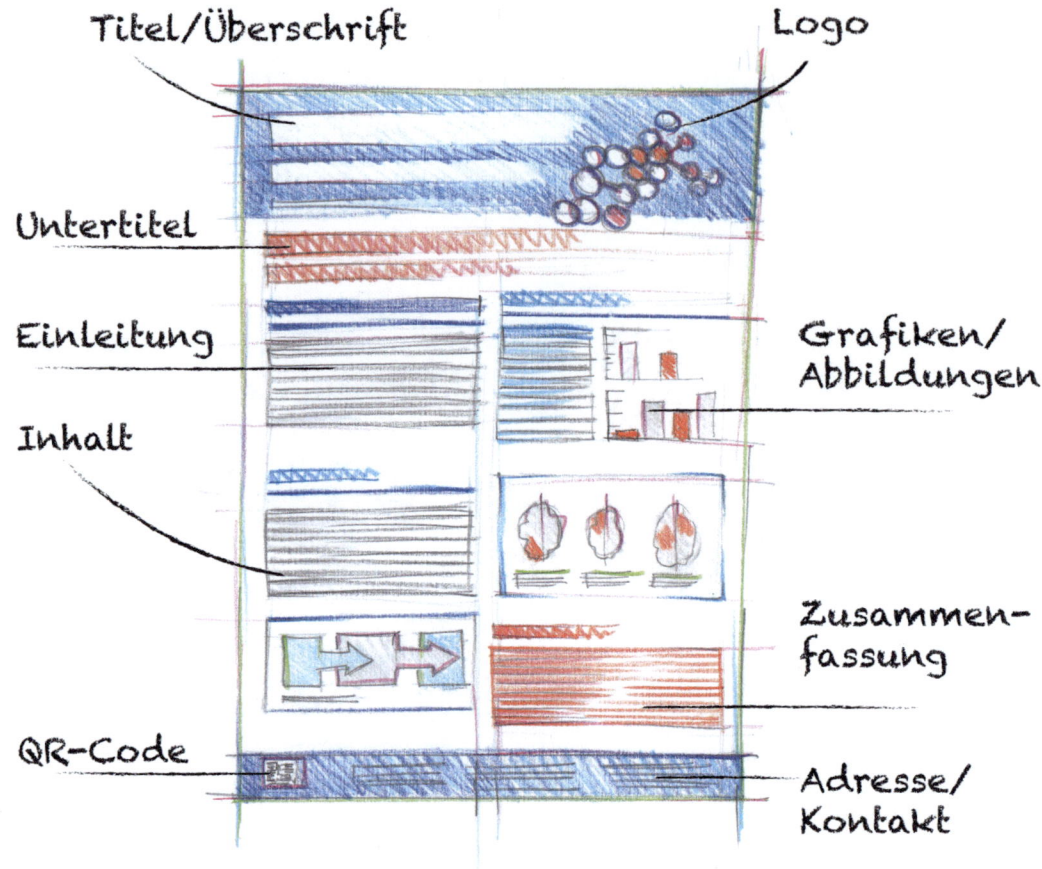

Abb. 3.6 Beispiel für ein Storyboard eines Posters

Das handschriftliche Storyboard wird im nächsten Schritt in eine elektronische Vorlage übertragen. Dazu erstellt man mit Hilfe eines Layoutprogramms (▶ Kap. 5) Felder und Platzhalter, welche Dummy-Texte und Dummy-Grafiken enthalten, um einen grobes Layout zu generieren, welches später mit dem konkreten Text und den korrekten Abbildungen gefüllt werden kann.

Es ist sinnvoll, den Umfang des Textes einzelner Felder bereits jetzt festzulegen bzw. die Dimensionen der notwendigen Abbildungen und Grafiken bereits hier zu planen. Der eigentliche Text kann dann in einem Textverarbeitungsprogramm geschrieben und eingesetzt, die Abbildungen in einem Grafikprogramm skaliert oder beschnitten werden, so dass sie sich in die vorhandenen Platzhalter einfügen lassen.

3.5 · Storyboard – die grobe Skizze als Plan

Storyboard – Das Wichtigste in Kürze

- Starten Sie mit Papier und Bleistift und einer groben Skizze
- Skizzieren Sie Platzhalter für Textfelder, Abbildungen, ggf. Tabellen
- Planen Sie hier den Umfang und die Größe der Textabschnitte und der Abbildungen
- Legen Sie ein inhaltliches Storyboard an: Skizzieren Sie die wichtigsten Aussagen Ihres Posters in Stichworten
- Achten Sie auf Stimmigkeit zwischen den geplanten Elementen und den Kernaussagen Ihres Posters
- Übertragen Sie die handschriftliche Skizze in ein Layoutprogramm

Gestaltung – so wird es schön...

Inhaltsverzeichnis

4.1	Farben – 34	
4.1.1	Farbschemata – 36	
4.1.2	Farbräume – 39	

4.2   Schriften – 41
4.2.1 Schriftarten – 41
4.2.2 Schriftgröße – 45
4.2.3 Schriftstil – fett, kursiv, usw. – 47

4.3   Gestaltung einzelner Elemente – 49
4.3.1 Text – 49
4.3.2 Tabellen – 52
4.3.3 Abbildungen – 52
4.3.4 Diagramme/Grafiken – 54

4.4   Weitere Elemente – 59
4.4.1 Videoclips oder Diashows – 59
4.4.2 Objekte, Gerüche, Geräusche... – 61
4.4.3 QR-Codes – 61
4.4.4 3D-Bilder – 62
4.4.5 „Doodles" – 63
4.4.6 Visitenkarten – 63
4.4.7 Handouts – 64

4.5   Vorlagen und Templates – 65

Literatur – 68

© Springer-Verlag GmbH Deutschland, ein Teil von Springer Nature 2020
G. Domes und R. Christe, *Wissenschaftliche Poster gestalten und präsentieren*,
https://doi.org/10.1007/978-3-662-61496-9_4

Stehen die Inhalte und ist der grobe Entwurf auf Papier gebracht, geht es an die Gestaltung des Posters und seiner einzelnen Elemente. Allgemeine Entscheidungen bezüglich Farbgestaltung und Auswahl von Schriften sind zu treffen. Im Einzelnen geht es dann um die Gestaltung der Elemente wie Textfelder, Tabellen, Grafiken, Diagramme, etc. Im folgenden Kapitel beschreiben wir, welche Regeln zu beachten sind, damit ein schönes Poster entstehen kann und wie einzelne Elemente möglichst effizient eingesetzt werden, um die Kommunikation mit dem Betrachter zu erleichtern.

Der allgemeine Gestaltungsleitsatz „form follows function", welcher vor allem im Zusammenhang mit dem Produktdesign und der Architektur seine Bedeutung hat, kann auch im Zusammenhang mit der Gestaltung von Postern als ein allgemeines Leitprinzip gelten. Jedes Element, die Anordnung der Elemente, deren Größe, Farbe etc. können hinsichtlich dieses Leitsatzes bewertet werden. Es stellt sich also immer die Frage: „Unterstützt das die Kommunikation meiner Forschungsergebnisse?".

4.1 Farben

Farben wecken Assoziationen und sind ein zentrales Gestaltungsmittel

Farben sind ein wichtiges Gestaltungselement. Farben erwecken unsere Aufmerksamkeit und beeinflussen unsere Stimmung und sind damit entscheidend für die Präsentation. Farben können die Vermittlung bestimmter Aussagen und Information unterstützen. Farben können z. B. genutzt werden, um zu strukturieren, Elemente zu gruppieren und um bestimmte Inhalte hervorzuheben. Welche Ziele man auch immer verfolgt, der Umgang mit Farben sollte auf jeden Fall bewusst geschehen. Mit Farben werden Allgemeinhin psychologische Wirkungen verknüpft. Neben theoretischen Konzepten, die teilweise auf den frühen Ausführungen der Farbenlehre von Johann W. Goethe basieren, existiert eine Vielzahl von empirischen Studien, die sich mit der Wirkung von Farben auf verschiedene psychische Funktionen beschäftigen (für eine Übersicht siehe: Elliot 2015). Obwohl es schwerfällt, allgemeine Farbwirkungen im Kontext von Postern aus diesen vielfältigen Arbeiten abzuleiten, können vielleicht einige heuristische Hinweise und Beispiele bei Auswahl von Farben helfen:

- Rot fördert die Aufmerksamkeit und wird mit Begierde und Dominanz assoziiert.
- Blau wird im Werbekontext mit der Zuschreibung von Qualität und Vertrauenswürdigkeit assoziiert.
- Grün wird im Allgemeinen mit Natur und Umwelt assoziiert.

4.1 · Farben

Die Bewertung einzelner Farben wird von einer Vielzahl von Faktoren beeinflusst, darunter persönliche Vorlieben, Vorerfahrungen, individuelle Assoziationen, und der situative und kulturelle Kontext. Insofern können keine allgemeingültigen Empfehlungen gegeben werden. Interessanterweise ist die Bewertung von Farben auch stark kulturabhängig. So ist im Gegensatz zu vielen westlichen Kulturen, die „Farbe" Weiß in Asien die Farbe der Trauer, Rot gilt in China als Farbe des Glücks und in arabischen Ländern steht dagegen Gelb für Glück und Wohlstand.

Farbwirkungen sind kontext- und kulturabhängig

Bei der Gestaltung von wissenschaftlichen Postern wird Farbe am besten zurückhaltend eingesetzt. In der Regel sind 2 bis 3 Farben (zzgl. Schwarz) ausreichend, um die oben genannten Ziele (Strukturieren, Gruppieren und Hervorheben) zu erreichen. Eine Hauptfarbe wird z. B. zur Gestaltung des Titelbanners eingesetzt und die beiden anderen Farben dienen dem Setzen von Akzenten mit unterschiedlicher Bedeutung. Je mehr Farben Sie verwenden, desto schwieriger wird die harmonische Abstimmung dieser Farben untereinander. Falls Sie im Poster zusätzlich Farbabbildungen verwenden, empfiehlt es sich, mit 2 Farben + Schwarz zu arbeiten: einer hellen Farbe für größere Farbflächen und einer dunklen Farbe für Auszeichnungen wie Linien, Überschriften und Grafiken. Schwarz benötigen Sie für Texte, feine Linien und Strichgrafiken (sog. Bitmaps).

Zwei bis drei Farben zzgl. Schwarz sind angemessen

Die Entscheidung bezüglich der Farbgestaltung sollte – wenn möglich – früh gefällt werden. Die Farbgestaltung zu den grundlegenden Elementen des Posters und wird wie Schriftart und Raster zu Beginn des Gestaltungsprozesses gewählt. Wenn möglich werden sie im Programm abgespeichert, um sie dann durchgängig verwenden zu können.

Farben speichern in Powerpoint
1. Klicken Sie auf der Registerkarte **Entwurf** auf den Pfeil unter **Varianten,** und zeigen Sie auf **Farben.**
2. Klicken Sie auf **Farben anpassen.**
3. Klicken Sie auf ein Farbfeld, das Sie ändern möchten. Beispiel: **Akzent 1.**
4. Klicken Sie im Dialogfeld **Farben** auf eine neue Farbe.
5. Wiederholen Sie die Schritte 3 und 4 für jede Farbe, die Sie ändern möchten.
6. Schließen Sie das Dialogfeld **Farben.**
7. Geben Sie im Feld **Name** einen Namen für die benutzerdefinierte Design Farbe ein, und klicken Sie dann auf **Speichern.**

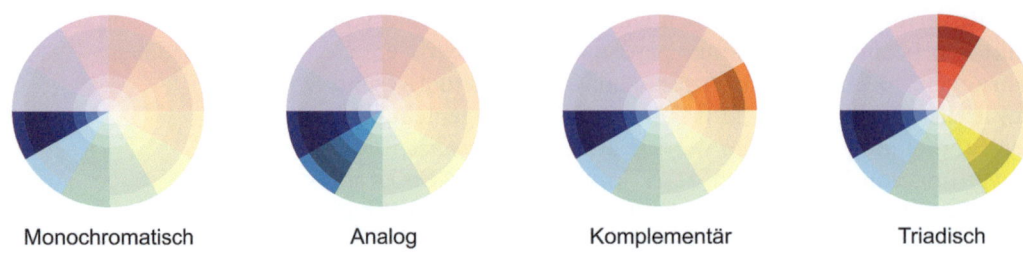

Abb. 4.1 Farbschemata

Farbänderungen am gesamten Poster kurz vor der Fertigstellung sind unter Umständen sehr mühsam. Zudem können Elemente, die noch erzeugt werden müssen (wie z. B. Diagramme) direkt an das Farbkonzept des Posters angepasst werden.

4.1.1 Farbschemata

Beachten Sie das Corporate Design der Institution

In größeren Organisationen wie Universitäten oder Unternehmen geben sog. Corporate Design Handbücher oder „Styleguides" die Farbgebung vor. Auch wird hier das Logo, die zu verwendende Schrift, etc. für alle Kommunikationsmittel definiert um einen möglichst hohen Wiedererkennungseffekt zu erzielen. Was die Farbgestaltung des Posters betrifft, geht es also darum zu der im Corporate Design vorgegebenen Hauptfarbe passende Akzentfarben auszuwählen.

Dies geschieht am besten anhand sog. Farbschemata, die in der Farbenlehre weit verbreitet sind. Allgemein definiert ein spezifisches Farbschema, welche Farben auf dem Farbenkreis einander zugehörig auszuwählen sind. Vier Farbschemata betrachten wir genauer: Monochromatisch, analog, komplementär und triadisch ◘ Abb. 4.1.

Gängige Farbschemata helfen bei der Auswahl von Farben

Monochromatisch Das monochromatische Farbschema umfasst verschiedene Farbtöne einer Farbfamilie. Auf dem Farbenkreis befinden sich die Farben auf dem Radius des Kreises. Im Falle eines Posters kann z. B. mit einer kräftigen Farbe Titel und Überschriften hervorgehoben werden, während die Akzentfarben für Diagramme oder Hintergründe einzelner Elemente genutzt werden.

Analog Bei analoger Farbgestaltung liegen die Farben im Farbkreis nebeneinander. Wenn man ein analoges Farbschema gestaltet, wirkt eine Farbe dominierend, eine unterstützend und eine andere akzentuierend.

4.1 · Farben

Komplementär Bei komplementärer Farbgestaltung nutzt man Farben die auf dem Farbenkreis direkt gegenüberliegen. Die Wirkung wird durch den Kontrast dieser Farben erzielt. Bei einem Poster ist denkbar, dass Hauptfarbe und die Akzente in Diagrammen und Abbildungen komplementär gewählt werden, um diese Elemente hervorzuheben.

Triadisch Hier werden drei Farben auf dem Farbkreis mit identischen Abständen, also mit jeweils 120 Grad Abstand voneinander gewählt. Auch hier wird eine Farbe als Hauptfarbe gewählt und die beiden anderen Farben z. B. zur Unterscheidung in den Diagrammen oder anderen Elementen eingesetzt.

Im Web existieren unzählige Werkzeuge zum Erzeugen einer Farbpalette nach diesen (und weiteren) Farbschemata. Hier eine Auswahl:

- Ein Tool aus dem Hause Adobe: ▶ https://color.adobe.com/de/create/color-wheel/
- Einfach zu bedienendes Tool: ▶ http://paletton.com/
- Farbpalette aus einer vorhandenen Vorlage erstellen: ▶ https://www.canva.com/colors/color-palette-generator/

Werkzeuge zum Erstellen von Farbschemata

Diese Werkzeuge liefern neben Beispielflächen mit den tatsächlichen Farben vor allem auch die exakten Farbwerte, entweder im RGB oder CMYK Farbraum (▶ Abschn. 4.1.2). Diese Werte können kopiert und in das benutzte Programm zur Gestaltung übertragen, oder (noch komfortabler) exportiert und später importiert werden.

Aus diesen verschiedenen Farbschemata ergibt sich eine endlose Anzahl von verschiedenen Farbkombination. Ausgehend von einigen Hauptfarben finden sich in ◘ Abb. 4.2 Beispiele für die drei verschiedenen Farbschemata.

Falls es im Poster eine zentrale Abbildung oder ein Motiv gibt, können die Farben auch aus diesem zentralen Element definieren werden ◘ Abb. 4.3. Der Vorteil liegt dabei im harmonischen Zusammenspiel zwischen Abbildung (Foto oder Diagramm) und restlicher Gestaltung. Dabei kann eine Farbe als Hauptfarbe fungieren, während mit den anderen Farben Akzente oder Hintergründe in anderen Diagrammen oder Textelementen gestaltet werden.

Vorhandene Abbildungen können zur Farbwahl genutzt werden

Spezielle Anforderungen bei Farbwahrnehmungsschwächen (z. B. „Rot/Grün-Blindheit")?

Manche Menschen haben Probleme bestimmte Farben zu unterscheiden. Diese angeborenen Farbwahrnehmungsschwächen sind mehr oder weniger einschränkend im

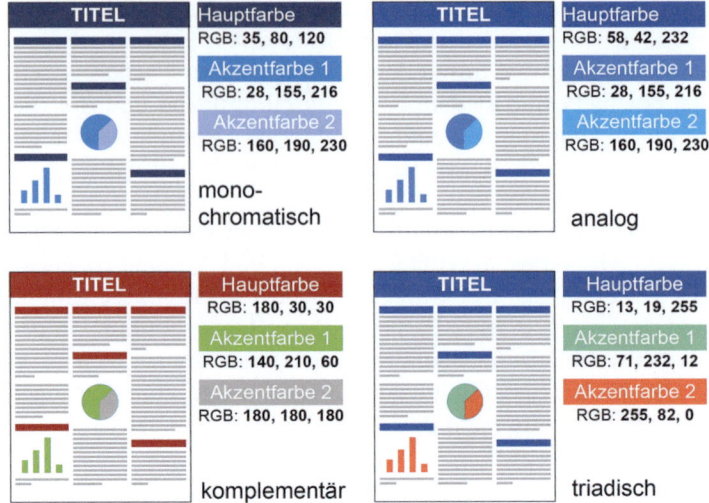

Abb. 4.2 Beispiele für verschiedene Farbschemata

> Alltag. Die häufigste Farbwahrnehmungsschwäche ist die sog. „Rot-Grün-Schwäche", von der etwa 9 % aller Männer und 1% der Frauen betroffen sind. Falls Sie ihr Poster hinsichtlich dieser Problematik optimieren wollen, wählen Sie z. B. Farben in Diagrammen, die unkritisch sind. Zusätzlich können Sie Merkmale einbauen, die farbunabhängig eine Unterscheidung erlauben, z. B. durch Schraffur, spezielle Icons oder unterschiedliche Helligkeit.
>
> Sie können fertige Bilder z. B. hier ▶ http://www.vischeck.com/vischeck/vischeckImage.php testen, ob sie von Menschen mit Rot-Grün-Schwäche korrekt wahrgenommen werden.

Wahl der Schriftfarbe

Bei der Farbwahl von Schriften sollte vor allem das Kriterium der Lesbarkeit im Vordergrund stehen. Bei der Wahl der Schriftfarbe spielt der Hintergrund eine wichtige Rolle. Schwarz auf weiß bildet den besten Kontrast und ist damit am besten lesbar. Komplementäre Farben von Schrift und Hintergrund bilden ebenfalls einen guten Kontrast. Vermeiden sollte man also Farben, die auf dem Farbkreis direkt nebeneinanderliegen, oder Farben die einen zu geringen Unterschied in der Sättigung aufweisen. Neben der Frage, ob die Schriftfarbe in das gesamte Farbkonzept des Posters passt, sollte man also den Kontrast von Schrift und Schrifthintergrund kritisch prüfen ◘ Abb. 4.4.

4.1 · Farben

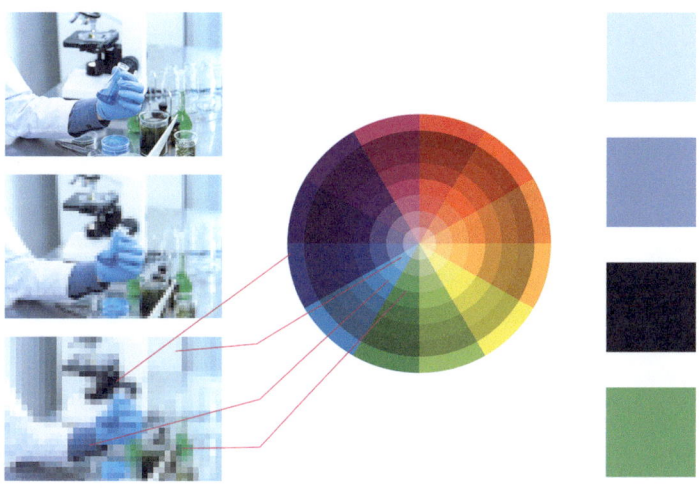

◻ **Abb. 4.3** Farbauswahl aus Bildern. (Quelle: ▶ www.pexels.com [2280571])

◻ **Abb. 4.4** Farbe von Schrift und Schrifthintergrund

4.1.2 Farbräume

Eine wichtige Unterscheidung für die Herstellung von Druckerzeugnissen aufgrund von digitalen Daten sind die beiden Farbräume RGB und CMYK ◻ Abb. 4.5.

RGB steht für Rot, Grün, Blau und beschreibt den Farbraum, der durch additive Mischung dieser Farben entsteht. Es sind insgesamt ca. 16,8 Mio. Mischfarben möglich. Jedes Bild auf einem Bildschirm wird als Mischung der drei Grundfarben erzeugt. Man spricht auch von Lichtfarben, die durch Addition jeden Farbton erzeugen können. Bei 100 % jeder Farbe entsteht Weiß. Am Beispiel des Bildschirms wird dies klar: Wo kein Bildpunkt leuchtet ist der

RGB repräsentiert die additive Farbmischung

RGB-Farbmodell
Additive Farbmischung

CMYK-Farbmodell
Subtraktive Farbmischung

◘ **Abb. 4.5**   RGB vs. CMYK

Bildschirm schwarz, an Stellen mit maximaler Leuchtkraft der drei Farben ist der Punkt weiß.

CMYK repräsentiert die subtraktive Farbmischung

CMYK steht dagegen für das sog. subtraktive Modell mit den Grundfarben Cyan, Magenta, Yellow und Schwarz (Key Color), welches in den meisten Standard-Druckverfahren eingesetzt wird, z. B. bei Farblaserdruckern, Farbtintenstrahldruck (alle Poster- und Plakatdrucker) oder dem Offsetdruck bei größeren Auflagen im Posterdruck. Die Farben werden bei diesen Verfahren gewissermaßen übereinander gedruckt und sind lasierend. Der Farbeindruck entsteht durch das übereinander Drucken von Farbpunkten. Je mehr Farbe aufgetragen wird, desto dunkler wird das Ergebnis, wobei bei voller Sättigung der drei Farben kein Schwarz erreicht wird, sondern nur ein dunkles Braun, so dass Schwarz (engl. key = Schlüsselfarbe für den farblichen Kontrast) als vierte „Farbe" hinzugenommen werden muss. Insgesamt sind theoretisch 4 Mrd. Farbtöne möglich, drucktechnisch sind es jedoch wesentlich weniger, so dass man einen deutlich geringeren Farbraum zur Verfügung hat als im RGB Farbraum.

RGB am Bildschirm muss in CMYK für den Druck umgewandelt werden

In der Regel arbeitet man am Bildschirm im RGB Farbraum. Gedruckt wird jedoch im CMYK Farbraum. Für den Druck müssen also die RGB Daten in den CMYK Farbraum umgewandelt werden. Dabei können aber nicht alle Farbinformationen identisch übernommen werden (unterschiedlicher Farbraum), so dass es zu deutlichen Farbabweichungen kommen kann. Die wenigsten Programme bieten die Möglichkeit direkt im CMYK Farbraum zu arbeiten.

Farbechter Druck ist sehr aufwendig

Professionelle Softwarepakete zur Gestaltung wie z. B. die Adobe Creative Suite bieten diese Option hingegen an. Hier können Sie nahezu alle Farbräume einstellen und verwalten. Wer sichergehen will, dass die Farben im Poster den eigenen Vorstellungen hundertprozentig entsprechen, muss mit genormten Farbtafeln (Euroskala, ISO 12647 und ISO 2846), kalibrierten Testdrucken und einigem Mehraufwand arbeiten. Streng genommen sind hierzu auch spezielle, kalibrierte und farbtreue Bildschirme notwendig, welche – auch aus Kostengründen – oftmals nicht zur Verfügung stehen. Schließlich bleibt auch bei einem solchen Vorgehen und eingehender Prüfung am Ende eine gewisse Restunsicherheit, denn die gedruckten Farben hängen nicht nur vom Farbraum ab, sondern auch vom verwendeten Papier (▶ Kap. 6 Druck). Wer großen Wert auf farbechte Drucke legt, sollte eine Druckerei oder einen Grafiker zu Rate ziehen.

> **Farben. Das Wichtigste in Kürze**
>
> - Setzen Sie Farbe gezielt und sparsam ein
> - Zwei bis drei Farben zuzüglich Schwarz genügen: eine helle Farbe für Flächen, eine dunkle für Linien und als Kontrast, schwarz für Text zur optimalen Lesbarkeit
> - Folgen Sie einem der gängigen Farbschemata: Monochrome, Komplementär, Triade, analog
> - Vor dem Druck sollten (wenn möglich) RGB Farben zu CMYK Farben umgewandelt werden.
> - Wenn möglich prüfen Sie, ob die Farben nach der Umwandlung noch Ihren Vorstellungen entsprechen (Testdruck mit Bildausschnitten)

4.2 Schriften

Das vermutlich wichtigste Kriterium für das Verfassen von Texten auf Postern ist neben dem Inhalt die Lesbarkeit. Ein gut lesbarer Text wird von einem Leser beim Erfassen auch längerer Passagen als angenehm, richtig und wenig störend empfunden. Es liegt auf der Hand, dass eine ganze Reihe von Aspekten eine wichtige Rolle spielen: Schwierigkeitsgrad, Lesekompetenz, Leseabstand, Textstruktur, Satzbau, Sprachstil, Rahmenbedingungen, etc. beeinflussen die Lesbarkeit eines Textes. Nicht zuletzt wird die Lesbarkeit eines Textes aber von der Auswahl und Gestaltung der verwendeten Schrift bzw. Schriften bestimmt.

Ein wichtiges Kriterium für Poster: Lesbarkeit

4.2.1 Schriftarten

Das Zusammenlebens des Menschen hat seit jeher die Entwicklung der Schrift als Kulturgut und Kommunikationsmittel beeinflusst. Der Ursprung unserer heutigen Schrift des lateinischen Alphabets liegt in den Keilschriften der Summe-

Klassifikation von Schriften

rer (ca. 1500 v. Chr.), den Hieroglyphen Ägyptens (ca. 300 v. Chr), und teilweise später im griechischen und römischen Alphabet. Das griechische Vokalalphabet hat unsere Art zu denken und zu schreiben bis heute geprägt. Dieses Alphabet gelangte zu den Etruskern, von welchen es die römische Republik übernahm. Als Buchschrift diente den Römern die Schrift Capitalis Quadrata. Diese Schrift ahmte die in Stein gemeißelten Capitalis nach und war die erste Serifenschrift.

Die Schriftklassifikation nach dem DIN ordnet Schriften im Grunde nach geschichtlichen Gesichtspunkten und Stilmerkmalen. Grob gesagt lassen sich Schriften in zwei Gruppen einteilen: den serifenbetonten Schriften (Serif) und den serifenlosen Schriften (Sans Serif). Als Serifen (oder „Füßchen") bezeichnet man den querliegenden Anfangs-, Abschluss-, oder Endstrich eines Schriftzeichens z. B. eines Buchstabens. Ihr Ursprung liegt wie gesagt in der römischen Capitalis, welche in Stein gemeißelt wurde ◘ Abb. 4.6.

Schriftfamilien

Schriften, auch Fonts genannt, werden in Familien zusammengefasst. Jeder „Schriftschnitt" (früher wurden die Gussformen für Schriften in Metall „geschnitten") ist Teil dieser Familie. So bilden die Schnitte „dünn", „normal", „halbfett", „fett" (engl. light, normal, semibold, bold) die Familie einer Schrift, z. B. der Helvetica.

Die Schriftart beeinflusst die Lesbarkeit

Das Hauptaugenmerk sollte bei Schriften auf Postern auf der guten Lesbarkeit und der optimalen Erfassbarkeit von Information liegen. Die Lesbarkeit ist abhängig von Schriftgröße, Zeilenlänge, Zeilenabstand und Leseabstand. Ob eine serifenbetonte oder eine serifenlose Schrift verwen-

◘ **Abb. 4.6** Römische Capitalis in Stein gemeiselt

det wird, hängt von eigenen Präferenz und dem spezifischen Textelement ab.

Schriften sind immer für einen bestimmten Zweck entworfen worden und sollten auch diesem Zweck entsprechend verwendet werden. Serifenbetonte Schriften wie Garamond oder Times wurden ursprünglich für größere Textmengen gestaltet und haben sich über lange Zeiträume bewährt (die Schrift Garamond wurde vor etwa 400 Jahren von Claude Garamond entworfen und geschnitten). Durch diese jahrhundertealte Gewohnheit lassen sich längere Textabschnitte generell besser lesen, wenn eine serifenbetonte Schrift verwendet wird. Das ist auch der Grund, warum Serifenschriften im Buchdruck vorherrschen. Lesegeschwindigkeit und Leseverständnis sind bei Serifenschriften tendenziell höher und das Lesen wird im Durchschnitt als angenehmer empfunden. Für längere Textabschnitte sollte man also am besten Schriften wie Times New Roman, Garamond (◘ Abb. 4.7) oder Libre Baskerville verwenden.

Seifenschriften für längere Textabschnitte

Die serifenlosen Schriften – auch Groteske genannt – haben sich erst im letzten Jahrhundert entwickelt (als die ersten serifenlosen Schriften um 1803 aufkamen, waren sie so ungewöhnlich, dass sie „grotesk" genannt wurden). Kürzere, zentrale Textelemente wie Titel und Überschriften werden schneller erfasst, wenn man serifenlose Schriften benutzt. Serifenlose Fonts wirken technischer und nüchterner als Serifenschriften. Im Alltag haben sie sich mittlerweile als gleichwertige Schriften etabliert. Sie finden in einer Vielzahl von Situationen Anwendung, zum Beispiel auf Autobahnschildern, technischen Hinweisen oder Büchern. Verwenden Sie für Titel, Autoren, Überschriften u. ä. Elemente also Schriften wie Arial, Calibri oder Tahoma (◘ Abb. 4.7).

Serifenlose Schriften für Titel, Überschriften und Beschriftungen

Verwenden Sie besser keine „verspielten" Schriften wie z. B. Comic Sans, diese wirken auf wissenschaftlichen Postern eher unbeholfen als witzig. Die Schrift sollte dem Inhalt des Posters angemessen sein. Solange es also nicht um ein Poster für Kleinkindspielzeug geht, sollte auf eine Schrift wie Comic

Time New Roman	Die Auswahl der Schrift ist wichtig.
Book Antiqua	Die Auswahl der Schrift ist wichtig.
Garamond	Die Auswahl der Schrift ist wichtig.
Arial	Die Auswahl der Schrift ist wichtig.
Calibri	Die Auswahl der Schrift ist wichtig.
Tahoma	Die Auswahl der Schrift ist wichtig.

◘ **Abb. 4.7** Gängige Schriften – mit und ohne Serifen

Sans verzichtet werden. Auch sog. „Zierschriften", d. h. Abwandlungen von Schreibschriften sind schwer lesbar und wirken auf Postern eher deplatziert; sie wurden ursprünglich für den Einsatz in Briefen entworfen.

> **Wo bekommt man weitere Schriften?**
> Mit den gängigen Office-Paketen sind bereits einige Schriften installiert und können für die Gestaltung von Postern genutzt werden. Will man weitere (weniger gängige) Schriften nutzen, müssen diese gesondert beschafft und „installiert" werden. Neben den klassischen Anbietern von kostenpflichtigen Schriften (Fontshop, Linotype) gibt es auch große Open Source Bibliotheken wie z. B. DaFont (▶ www.dafont.com) oder 1001free Fonts (▶ www.1001freefonts.com).
> Eine enorme Anzahl von guten, kostenfreien Schriften bietet auch Google mit Google-Fonts. Diese Schriften sind sowohl im Web als auch als Download verwendbar. Großer Vorteil der Google-Fonts: Die Website ist sehr übersichtlich und bietet verschiedene Auswahl- und Ansichtsmöglichkeiten.

Installation von neuen Schriften

Generell müssen Sie Schriften (sofern sie nicht schon vorinstalliert sind) vor der Verwendung im TTF, OTF oder PS Format herunterladen und im Schriftenordner des Systems ablegen. Unter Windows ist die Installation neuer Schriften recht einfach:
1. Laden Sie die Installationsdatei als TTF-Datei herunter.
2. Nach dem Herunterladen auf die .ttf Datei doppelklicken und anschließend auf installieren klicken.
3. Die Schrift ist nun Installiert und kann in Programmen, wie Word, PowerPoint usw. verwendet werden.

Achten Sie darauf, nicht zu viele Schriften in den Ordner abzulegen, da es die Arbeitsgeschwindigkeit Ihres Rechners bremsen kann.

Grundregeln zur Verwendung von Schriften

Neben den oben genannten Grundregeln sollte man noch folgende Hinweise beachten:
- **Proportionalschriften** (z. B. Times New Roman) lassen sich besser lesen als Festbreitenschriften (z. B. Courier oder Lucida Sans Typewriter). Proportionalschriften haben auch den Vorteil, dass sie sparsamer mit dem zur Verfügung stehenden Platz umgehen und heutzutage (mangels dem Einsatz klassischer Schreibmaschinen) als der gängige Schrifttyp empfunden werden.
- **Schriften mit fester Breite** sind für den Einsatz in Tabellen geeignet, da hier untereinander platzierte Zeichen in Spalten exakt ausgerichtet erscheinen

- **Buchstabenbreite:** Man sollte eine Schrift mit „normaler" Buchstabenbreite wählen. Die platzsparenden „Narrow"-Schriften (z. B. Arial Narrow) verringern bei größerem Leseabstand (Poster) die Lesbarkeit
- **Laufweite** (Buchstabenabstand): Die normale Laufweite sollte auf jeden Fall beibehalten werden. Da Schriften für ihre definierte Standardlaufweite entworfen wurden, beeinflusst eine zu geringe Laufweite die Lesbarkeit negativ. Eine zu große Laufweite (auch bei Überschriften) wird häufig als störend empfunden, zumal die Regel gilt: Je höher die Schriftgröße, desto geringer die Laufweite.
- **Stauchung und Dehnung von Schriften:** Textschriften sollten nicht gestaucht oder gedehnt werden, da dies die Formgebung zerstört und die Lesebarkeit beeinträchtigt. Das passiert vor allem, wenn man versucht Abbildungen mit Text durch Skalieren in einer Dimension (vertikal oder horizontal) „passend zu machen". Dabei werden Schriften dann unweigerlich verzerrt. Dies kann auch beim Druck zu Problem führen, da manche Softwaresysteme in Druckereien dies standardmäßig als Fehler erkennen und den Druckauftrag verweigern.
- **Anzahl verschiedener Schriften:** Beschränken sollte man sich auf zwei Schriftarten. Viele verschiedene Schriftarten im Poster wirken unruhig und ablenkend. Auch wenn dies vielleicht eher unterschwellig geschieht, viele Betrachter sind irritiert von ständig wechselnden Schriftarten. Gewählt werden sollte am besten eine Schrift für die Elemente mit viel Text und eine Schriftart für Titel, Autoren, Überschriften, etc. Eventuell kann sich die Schriftart der Beschriftung innerhalb von Diagrammen noch unterscheiden, ohne dass dies als störend empfunden wird.

4.2.2 Schriftgröße

Poster müssen aus einer Entfernung von 1–3 m bequem lesbar sein. Das erfordert Schriftgrößen, die deutlich über das übliche Maß in anderen Schriftstücken (Buch, Broschüre, o. ä.) hinausgehen. Die Größe von Schriften wird als Schriftgrad in der Regel in Punkten (pt) angegeben. Es gibt verschiedene Versionen des Punktes (Didot-Punkt, Pica-Point), der geläufigste ist der DTP Punkt, eine Variante des US-amerikanischen Pica-Points. Ein Punkt (pt) wie er in den gängigen Programmen verwendet wird, ist definiert als 1/72 Zoll, also 0,3527 mm.

Der Schriftgrad ist von der optischen Schriftgröße zu unterscheiden. Verschiedene Schriften mit demselben Schriftgrad wirken oft optisch unterschiedlich groß. ◘ Abb. 4.8 ver-

Die Schriftgröße wird als Schriftgrad in Punkten (pt) angegeben

Schriften mit gleichem Schriftgrad können unterschiedlich groß wirken

 Abb. 4.8 Schriftgrad und Schriftgröße. (Quelle: ▶ de.wikipedia.org)

deutlicht dieses Phänomen: Die obere Zeile zeigt drei verschiedene Schriften mit exakt dem gleichen Schriftgrad. Der Grund hierfür ist, dass der Schriftgrad noch aus der Zeit des Bleisatzes stammt: Hier bezeichnete der Schriftgrad lediglich die Höhe des Kegels, also des Teils der Bleilettern auf dem das spiegelverkehrte Abbild des Buchstabens zu finden war. Die optische Schriftgröße ergibt sich hauptsächlich aus der Mittellänge, also des Teils der Schrift zwischen Grundlinie und Mittellinie, in der sich die Kleinbuchstaben wie o, u, n oder x befinden. Je größer die Mittellänge der Buchstaben, desto besser die Lesbarkeit der Schrift (Abb. 4.8).

> Titel, Autoren und Überschriften erfordern große Schriften

Es liegt auf der Hand, dass Titel, Autoren und Überschriften größere Schriften benötigen als die übrigen Textteile. Da die Lesbarkeit von der optischen Schriftgröße und der Schriftart (s. o.) anhängen ist es schwer allgemein gültige Empfehlungen zu geben. Dennoch kann man sich bei ei-

 Tab. 4.1 Schriftgrad und optische Schriftgrößen für verschiedene Textelement bei einem Poster in DIN A0

Textelement	Schriftgrad	Schrift	Schriftgröße
Titel	84 bis 96 pt	Arial	29,6–33,9 mm
Autoren	44 bis 48 pt	Arial	15,5–16,9 mm
Institution/ Affiliation	32 bis 36 pt	Arial	11,3–12,7 mm
Überschrift 1	44 bis 48 pt	Arial	15,5–16,9 mm
Überschrift 2	32 bis 44 pt	Arial	11,3–15,5 mm
Fließtext	28 bis 32 pt	Times New Roman	9,9–11,3 mm
Abbildungsbeschriftung	18 bis 22 pt	Times New Roman	6,3–7,8 mm
Literaturliste	18 bis 22 pt	Times New Roman	6,3–7,8 mm
Anmerkungen	18 bis 22 pt	Times New Roman	6,3–7,8 mm

Titel
Arial bold 96 pt

Autoren
Arial 48 pt

Überschrift 1
Times New roman 48 pt

Textgröße für Inhalte
Times New roman 24 pt

Überschrift 2
Times New roman 36 pt

Anmerkungen
Times New roman 18 pt

Abb. 4.9 Verschiedene Schriftgrößen

nem Leseabstand von ungefähr 2,5 m an den in Tab. 4.1 aufgeführten Schriftgrößen orientieren. Empfehlenswert ist jedoch immer eine kritische Leseprobe am fertigen Poster, eventuell auch im Rahmen eines „Vorab Peer-Reviews" (▶ Abschn. 6.1.1). Eine erste sehr gute Orientierungshilfe mit Schriftgrößenrechner gibt auch die Webseite: ▶ https://www.leserlich.info/werkzeuge/schriftgroessenrechner/index.php.

Zum Größenvergleich und zur Illustration haben wir in Abb. 4.9 die verschiedenen Schriftgrößen und Schriftarten für ein Poster im Format DIN A0 zusammengestellt. Obwohl die Schriften nicht in Originalgröße dargestellt sind, sollte deutlich werden, dass Titel und Überschriften deutlich größer sein müssen als der Fließtext.

4.2.3 Schriftstil – fett, kursiv, usw.

Variationen des Schriftstils dienen in der Regel dazu, einen Textteil besonders hervorzuheben. Überschriften können z. B. hervorgehoben werden durch Fettdruck oder Unterstreichung. Aber auch innerhalb eines Fließtextes sind Hervorhebungen z. B. durch Kursivdruck oder Unterstreichung denkbar. Auch hier gilt generell: Sparsam einsetzen. Zu viele Hervorhebungen nutzen den Kontrasteffekt des Kursivsatzes oder des Fettdrucks ab. Wenn vieles fett oder kursiv gesetzt ist, kann man nicht mehr unterscheiden, was davon wirklich wichtig ist. Hervorgehoben werden sollte daher nur, was auch wirklich hervorgehoben werden soll.

Brüche im Schriftstil dienen oft der Hervorhebung

| Kursiv | **Kursivsatz** In manchen Fällen gibt es Konventionen innerhalb einzelner wissenschaftlicher Disziplinen oder Fächer, dass bestimmte Begriffe oder Zeichen in einem bestimmten Stil zu drucken sind. Kursiv gesetzt werden zum Beispiel:
− Wissenschaftliche Bezeichnungen von Lebewesen in der Biologie, z. B. Präriewühlmaus *(Microtus ochrogaster)*
− Andere lateinische Begriffe wie z. B. „*in vivo*" o. ä.
− Statistische Kennwerte, wie z. B. *t*-Test oder $F(6, 498) = 29{,}04; p < {,}001$ |

| Kapitälchen | **Kapitälchen** (Großbuchstaben in Höhe der Mittellänge). In manchen Fachdisziplinen sind Kapitälchen den Nachnamen in Literaturverzeichnissen vorbehalten. In diesen Fächern ist es also ratsam auf diese Form der Hervorhebung in anderen Textteilen zu verzichten. |

| Großbuchstaben | **Großbuchstaben (Versalien)** Hin und wieder sieht man Überschriften, die komplett in Großbuchstaben gesetzt sind. Obwohl man eventuell das Gefühl hat, damit etwas hervorzuheben, ist die Lesbarkeit oft so schlecht, dass dieser Effekt sich ins Gegenteil verkehrt. Beim Lesen von Text in Großbuchstaben springt das Auge von Buchstabe zu Buchstabe und bremst so den Lesefluss. Verzichten Sie also besser darauf, längere Titel oder Überschriften in Großbuchstaben zu setzen. |

| „Wordart" | **Konturen, Schatten, und „Wordart"** Office Pakete inkl. Powerpoint bieten eine Menge solcher Funktionen an. Allgemein gilt: Man sollte besser darauf verzichten. 3D-Schriften, Schatten, Farbverläufe oder ähnliches wirken eher unprofessionell und werden leicht als das erkannt, was sie sind: Spielereien. Sie verschlechtern immer auch die Lesbarkeit. |

Schriften. Das Wichtigste in Kürze

− Schriftgröße und Lesbarkeit sind abhängig von Zeilenlänge, Zeilenabstand und Leseabstand
− Für längere Textpassagen: Schriften mit Serifen
− Für Überschriften: Schriften ohne Serifen
− Auf ausreichende Größe achten
− Passen Sie lieber den Textumfang an, als dass Sie die Größe der Schriften ändern oder schmallaufende Schriften verwenden
− Gehen Sie mit Hervorhebungen (fett, kursiv, unterstrichen) sparsam um

4.3 Gestaltung einzelner Elemente

4.3.1 Text

Zur Formatierung von Fließtext stellen sich ein paar grundsätzlich Fragen: Neben der sinnvollen Menge des Textes in zusammenhängenden Blöcken, stellt sich oft die Frage nach der Satzart, den Zeilenabständen und eventuell auch den Absatzabständen.

Textmenge Die Grundregel ist auch hier: Weniger ist mehr. Formulieren Sie kurz und prägnant, in einfachen Sätzen. Vermeiden Sie komplexe Schachtelsätze und Einschübe. Lange Sätze lassen sich oftmals ohne inhaltlichen Verlust in mehrere kurze Sätze teilen. Aufzählungen sollten nicht mit Kommata getrennt, sondern besser mit einer überschaubaren Anzahl von Spiegelstrichen umgesetzt werden. Im Englischen lässt sich oftmals kürzer und prägnanter formulieren – und das hängt nicht nur mit der vermeintlich eingeschränkten Sprachkompetenz von Nicht-Muttersprachlern zusammen.

> Textelemente: Kurze und prägnante Aussagen

Satzart Man unterscheidet hier Blocksatz und Flattersatz, welcher asymmetrisch flattern (rechts- oder links-bündig) oder symmetrisch flattern (zentriert) kann. Abb. 4.10. Grundsätzlich ist ein linksbündig ausgerichteter, rechts flatternder Text bei relativ großen Zeilenlängen besser lesbar als Blocksatz. Dennoch kann es sinnvoll sein, Textblöcke in Blocksatz zu setzen, v. a. wenn die Zeilenlängen kürzer sind, die Spalten also relativ schmal ausfallen. Beim Blocksatz wird der Text einer Zeile so aufgeteilt, dass er sowohl links- als auch rechtsbündig gesetzt wird. In Powerpoint wird im

> Flattersatz vs. Blocksatz

Flattersatz	**Blocksatz**	**… jeweils mit**	**Silbentrennung**
Lorem ipsum dolor sit amet, consetetur sadipscing elitr, sed diam nonumy eirmod tempor invidunt ut labore et dolore magna aliquyam erat, sed diam voluptua. At vero eos et accusam et justo duo dolores et ea rebum.	Lorem ipsum dolor sit amet, consetetur sadipscing elitr, sed diam nonumy eirmod tempor invidunt ut labore et dolore magna aliquyam erat, sed diam voluptua. At vero eos et accusam et justo duo dolores et ea rebum.	Lorem ipsum dolor sit amet, consetetur sadipscing elitr, sed diam nonumy eirmod tempor invidunt ut labore et dolore magna aliquyam erat, sed diam voluptua. At vero eos et accusam et justo duo dolores et ea rebum.	Lorem ipsum dolor sit amet, consetetur sadipscing elitr, sed diam nonumy eirmod tempor invidunt ut labore et dolore magna aliquyam erat, sed diam voluptua. At vero eos et accusam et justo duo dolores et ea rebum.

Abb. 4.10   Flattersatz und Blocksatz im Vergleich

Blocksatz lediglich der Wortabstand angepasst, nicht jedoch die Laufweite der Zeichen. Dadurch entstehen gerade bei langen Wörtern am Zeilenende, die in die nachfolgende Zeile rutschen, unschöne große Wortabstände. Auf jeden Fall sollte der gesetzte Text auf große Wortlücken kontrolliert werden. Oft kann durch Umformulierung das Problem leicht behoben werden, oder man nutzt die Silbentrennung, um lange Wörter zu trennen. Auch beim Flattersatz kann eine Silbentrennung die Zone, in welcher der Text am Zeilenende flattert verkleinern.

> Zeilenabstände müssen groß genug sein und konstant eingehalten werden

Zeilenabstände Der Abstand zwischen den Grundlinien zweier übereinanderliegender Textzeilen wird als Zeilenabstand bezeichnet. In vielen Programmen kann man diesen Wert als Vielfaches des Schriftgrades angeben (Einfach, 1,5-fach oder Doppelt), man kann ihn aber auch genau in pt einstellen. Hier gibt es zwei Optionen: „genau" bedeutet, dass der Abstand unabhängig vom Schriftgrad eingehalten wird, „mindestens" bedeutet, dass der Abstand zumindest x pt beträgt, unabhängig vom Schriftgrad der beiden Textzeilen. Zu große und zu kleine Zeilenabstände beeinträchtigen die Lesbarkeit (Abb. 4.11). Achten sollte man auf einheitliche Zeilenabstände. Falls unterschiedliche Schrift-

Lorem ipsum dolor sit amet, consetetur sadipscing elitr, sed diam nonumy eirmod tempor invidunt ut labore et dolore magna aliquyam erat, sed diam voluptua. At vero eos et accusam et justo duo dolores et ea rebum.   ◀◀ 10 pt.

Lorem ipsum dolor sit amet, consetetur sadipscing elitr, sed diam nonumy eirmod tempor invidunt ut labore et dolore magna aliquyam erat, sed diam voluptua. At vero eos et accusam et justo duo dolores et ea rebum.   ◀◀ 13 pt.

Lorem ipsum dolor sit amet, consetetur sadipscing elitr, sed diam nonumy eirmod tempor invidunt ut labore et dolore magna aliquyam erat, sed diam voluptua. At vero eos et accusam et justo duo dolores et ea rebum.   ◀◀ 16 pt.

Abb. 4.11 Zeilenabstände bei einem Text in Times New Roman mit 11 pt

grade in einer Zeile benutzt werden (dies kann z. B. nötig sein, wenn ein Symbol oder ein Sonderzeichen vergrößert einsetzt wird), dann kann es bei der Auswahl „mindestens" passieren, dass die Zeilenabstände nicht mehr identisch erscheinen. In diesem Fall sollte lieber die Option „genau" gewählt werden, mit der ein exakter Zeilenabstand definiert werden kann. Hier muss dann unbedingt kontrolliert werden, ob Zeichen nicht am unteren Rand abgeschnitten werden. Als Faustformel gilt: Der Zeilenabstand beträgt etwa 125 % der Schriftgröße. Dies gilt allerdings eher für normale Formaten (DIN A4). Bei kleineren Formaten gilt ein Zeilenabstand von 130–140 %, bei größeren 110–120 %.

Absätze Absätze dienen der formalen Strukturierung längerer Texte. Sie sollen sinngebend bzw. sinnfolgend sein und das Lesen und das Textverständnis verbessern. Insofern stellt sich bei Postern die Frage: Sind sie bei kurzen Textblöcken überhaupt notwendig? Die Antwort ist: Selten. Im Falle, dass sich ein Textblock nicht sinnvoll teilen lässt oder nicht ohnehin durch zwei verschiedene Überschriften strukturiert wird, können Absätze sinnvoll das Verständnis erleichtern, indem sie verdeutlichen, dass es einen gedanklichen Sprung gibt, oder ein neues Argument oder ähnliches. Achten sollte man darauf, dass Absätze gleiche Abstände aufweisen. Dazu nutzt man am besten die Formatierungsfunktion des entsprechenden Programms und gibt den Abstand in pt ein. In Layoutprogrammen (z. B. Scribus) gibt es komfortable Einstellmöglichkeiten für Zeichen- bzw. Absatzformate. Diese Möglichkeit sollte man, wenn vorhanden auf jeden Fall nutzen. Zeichen- und Absatzformate erleichtern eine spätere Korrektur des Textdesigns.

> Absätze sollten inhaltlich sinnvoll sein

Stichworte/Spiegelstriche Hin und wieder liest man generelle Empfehlungen, Texte für Poster ausschließlich mit Aufzählungen, Stichworten bzw. Spiegelstrichen zu gestalten. Hintergrund dieser Empfehlung ist vermutlich, dass viele Poster zu „textlastig" erscheinen und die Verwendung von Aufzählungen und Spiegelstrichen zur gebührenden Kürze zwingen soll. Ein großer Nachteil einer Ansammlung von Stichworten ist, dass das Verständnis des Posters oftmals nur noch mit Erläuterung der Autorin oder des Autors verständlich ist. Es hängt also davon ab, zu welchem Zweck Sie das Poster entwerfen; soll es auch ohne Ihre Anwesenheit und Erläuterungen noch verständlich sein, eignet sich vollständiger Text oft besser als Stichworte. Es ist durchaus möglich, sich in ganzen Sätzen kurz zu fassen. Zudem darf der Verfasser des Posters durchaus eine gewisse Lesekompe-

> Besser kurze, ganze Sätze als Stichworte

tenz erwarten. Eine Ausnahme bilden echte Aufzählungen wie sie z. B. im Methodenteil vorkommen können.

4.3.2 Tabellen

Tabellen haben oftmals den Zweck auf geringstem Raum möglichst viele (numerische) Informationen zu bündeln und in systematischer Form zu präsentieren. Während diese Form der Darstellung in wissenschaftlichen Journalartikeln zu diesem Zweck häufig sinnvoll ist, sollte man bei einem Poster ein paar Dinge beachten.

Tabellen sollten spezifisch für das Poster gestaltet sein

Tabellen sollten auf Postern nicht das Ziel verfolgen, möglichst viel und möglichst vollständig zu präsentieren, sondern eher den Zweck erfüllen, einen Sachverhalt kurz und prägnant darzustellen. Datentabellen finden sich in vielen Publikationen als Ergänzung und Beleg zu den wesentlichen Aussagen, die im Text zu finden sind. Diesen Luxus kann man sich aufgrund des beschränkten Platzes auf einem Poster nicht leisten. Tabellen sollten daher auf einem Poster reduziert werden und nur die wichtigen Informationen enthalten.

Tabellen für Poster sollten klar formatiert sein

Die Formatierung von Tabellen für Poster weicht von den üblichen Vorgaben in wissenschaftlichen Journalen ab. Während in wissenschaftlichen Artikeln auf senkrechte Linien oder Hintergrundfarben verzichtet wird, sind diese Hilfsmittel auf Postern willkommene optische Anker, um den Betrachter das Erfassen des Tabelleninhaltes zu erleichtern. Auch kann es hilfreich sein, bestimmte Inhalte der Tabelle durch Markierungen hervorzuheben. So verlieren sich Betrachter nicht so leicht in einer Tabelle und werden direkt zu der besonders wichtigen Information geleitet.

Nebensächliche Informationen in Tabellen vermeiden

Keinesfalls sollten Sie einfach Tabellen aus Statistikprogrammen auf das Poster kopieren. Diese Tabellen enthalten meist nebensächliche Informationen und sind für ein Poster nicht optimal formatiert. Wie beim gesamten Gestaltungsraster des Posters gilt auch bei einer Tabelle: Powerpoint z. B. bietet einige Möglichkeiten, um klare Tabellen für Poster zu erzeugen. Ein Beispiel, wie aus einer typischen Tabelle für einen wissenschaftlichen Artikel eine Tabelle für ein Poster werden kann zeigt ◘ Abb. 4.12.

4.3.3 Abbildungen

Abbildungen erfordern eine ausreichende Auflösung

Grundsätzlich gilt, dass die Druckqualität einer Abbildung, eines Fotos oder eines Logos von der Auflösung der Vorlage abhängt. Die Auflösung eines Bildes wird in dpi („Dots

4.3 · Gestaltung einzelner Elemente

Scale	GARS-fear			GARS-avoidance		
	Tot	F1	F2	Tot	F1	F2
Neuroticism	.43	.27	.42	.43	.31	.40
Extraversion	-.32	-.24	-.29	-.30	-.22	-.28
Conscientiousness	-.25	-.19	-.22	-.20	-.16	-.18
Openness	-.03	-.02	-.03	-.09	-.03	-.09
Agreeableness	-.09	-.13	-.05	-.15	-.21	.11

Scale	GARS-fear			GARS-avoidance		
	Tot	F1	F2	Tot	F1	F2
Neuroticism	.43	.27	.42	.43	.31	.40
Extraversion	-.32	-.24	-.29	-.30	-.22	-.28
Conscientiousness	-.25	-.19	-.22	-.20	-.16	-.18
Openness	-.03	-.02	-.03	-.09	-.03	-.09
Agreeableness	-.09	-.13	-.05	-.15	-.21	.11

◘ **Abb. 4.12** Eine Tabelle aus einem Artikel wird zu einer Tabelle für ein Poster

Per Inch"; Pixel pro Zoll) angegeben. Die Mindestauflösung hängt von der Art der Vorlage ab. Man unterscheidet:
— Reine monochrome Strichzeichnungen. Dazu zählen z. B. Liniendiagramme, Schwarz-Weiß-Logos, und monochrome Schriften. Mindestauflösung sollte 600 dpi, besser 1200 dpi sein.
— Abbildungen in echten Graustufen oder Farbabbildungen. Dazu zählen Balkendiagramme, Farblogos, farbige Liniendiagramme, Fotos, etc. Die Mindestauflösung sollte 300 dpi betragen.

Bildmaterial aus dem Internet
Illustrationen, Grafiken, Clipart, … das Internet ist voll davon. Ein paar Tipps, damit es mit dem Einfügen von Bildmaterial aus dem Internet klappt:
Das Einfügen von Grafiken von Webseiten hat seine Tücken – oft reicht die Auflösung nicht aus, um später brauchbare Druckergebnisse zu erzeugen. Die Qualität der in der z. B. in der Google Bildersuche angezeigten Miniaturansichten („Thumbnails") reicht bei weitem nicht aus, um in ausreichender Größe gedruckt zu werden. Tipp: Das ge-

Umgang mit urheberrechtlich geschützten Abbildungen aus dem Internet

> wählte Bild kann in ein Programm kopiert werden, in welchem die Auflösung (GIMP, Photoshop) ersichtlich wird, oder man speichert das Bild zumindest auf dem Rechner ab, um in den Eigenschaften ein paar Informationen zur Auflösung zu erhalten: Rechtsklick auf das Dateisymbol → Auswahl *Eigenschaften* → Reiter *Details:* Hier finden sich Infos zur Auflösung.
>
> Ein Bild mit etwa 10 cm Kantenlänge braucht mindestens 1180×1180 Pixel als druckfähige Vorlage 1180×1180 px = 10 cm bei 300 dpi Auflösung (▶ Tab. 4.2).
>
> Ein Großteil des im Netz verfügbaren Bildmaterials ist urheberrechtlich geschützt. Die Bildersuche von Google und co. weist explizit darauf hin, dass das gefundene Bildmaterial eventuell urheberrechtlich geschützt sein könnte und eine Verwendung (unabhängig davon ob kommerziell oder nicht) die Zustimmung des Urhebers erfordert. Wenn Sie sicher gehen wollen, nutzen Sie „freie" Bilddatenbanken, die unter der Creative Commons (CC) Lizenz Bilder anbieten (z. B. ▶ www.pixabay.com, ▶ www.pexels.com). Auch wenn nicht zwingend erforderlich, ist ein Bildnachweis mit Nennung des Urhebers und der Quelle wünschenswert und beugt eventuellen rechtlichen Konsequenzen vor bzw. zollt dem Urheber ein wenig Anerkennung.

4.3.4 Diagramme/Grafiken

Grafiken dienen der Darstellung komplexer Informationen

Diagramme und Grafiken sind eine gute Möglichkeit, komplexe Zusammenhänge oder deskriptive Statistiken darzustellen. Es gibt verschiedene Programme, mit denen Grafiken direkt aus den statistischen Daten erstellt werden können. Neben der Option, Grafiken in gängigen Tabellenkalkulationen wie Microsoft Excel und OpenOffice Calc oder direkt in Statistikpaketen (SPSS, SAS, R) zu erzeugen, existieren eine ganze Reihe von speziellen Programmen zur Erstellung von Grafiken aus statistischen Daten. Kostenpflichtige, kommerzielle Programme sind z. B. Sigmaplot und Graphpad Prism. Diese Programme verfügen über wesentlich mehr Optionen als die erwähnten Funktionen von Excel, SPSS, und co, sind jedoch eine weitere Investition und teilweise recht kostspielig. Dennoch erleichtern sie die Erstellung von druckfähigen Grafiken erheblich. Im Folgenden werden allgemeine Hinweise zur Gestaltung klarer Grafiken gegeben. Die Möglichkeiten, Stärken, Grenzen und Besonderheiten der skizzierten Softwarealternativen werden im ▶ Abschn. 5.3 kurz erläutert.

4.3 · Gestaltung einzelner Elemente

Tab. 4.2 Wie viele Pixel müssen Farbabbildungen mindestens haben für eine gute Druckqualität?

Bildgröße in Pixel	A6 ca. 10 × 15 cm	A5 ca. 15 × 20 cm	A4 ca. 20 × 30 cm	A3 ca. 30 × 40 cm	A0 ca. 80 × 120
800 × 1200	+	–	––	––	––
1200 × 1600	++	+	–	––	––
2400 × 3600	++	++	+	–	––
3600 × 4800	++	++	++	++	––
7200 × 10.800	++	++	++	++	+
9600 × 14.200	++	++	++	++	++

Deskriptive Statistiken lassen sich effektiv mit verschiedenen Grafiken darstellen. Für verschiedene Datenarten eignen sich bestimmte Diagrammtypen (◘ Tab. 4.3) – vgl. Manuskriptrichtlinien der APA (American Psychological Association 2010).

Balkendiagramme

Balkendiagramme werden am häufigsten genutzt, um Mittelwerte als zentrale Tendenz einer Stichprobe von Messwerten darzustellen. Informationen zur Variabilität (üblicherweise Standardabweichungen, Standardfehler, Konfidenzintervalle) werden mithilfe von Fehlerbalken hinzugefügt. Boxplots, Violine-Plots und Streuungsdiagramme integrieren Informationen zur zentralen Tendenz (Mittelwert oder Median) mit Verteilungsinformationen (Streuungen, Standardabweichungen, Quartilen, Konfidenzintervalle, und Ausreißer- bzw. Extremwerte) und eigenen sich besonders zur Darstellung von Medianen. Farben können genutzt werden, um Versuchsbedingungen oder Gruppen voneinander zu unterscheiden (◘ Abb. 4.13).

Liniendiagramme

Liniendiagramme sind besonders geeignet, um Verläufe über die Zeit zu illustrieren. Auch hier können Variabilitätsinformationen in Form von Fehlerbalken hinzugefügt werden. Farben können hier wieder genutzt werden, um verschiedene Bedingungen oder Gruppen zu vergleichen. Zudem kann mit verschiedenen Symbolen oder verschiedenen Linienmustern gearbeitet werden (◘ Abb. 4.14).

Allgemeine Hinweise zur Gestaltung von Grafiken

Ein paar allgemeine Hinweise für die Gestaltung von Grafiken sollen helfen, grundsätzliche Fehler zu vermeiden (in Anlehnung an: Rolandi et al. 2011):
1. Entwerfen Sie Diagramme/Grafiken für die entsprechende Zielgruppe
2. Konzentrieren Sie sich auf die wichtigsten Informationen
3. Streben Sie eine klare visuelle Struktur an
4. Gehen Sie sparsam mit Farbe um
5. Nutzen Sie Kontraste
6. Achten Sie auf eindeutige und gut lesbare Beschriftungen
7. Vermeiden Sie Verläufe, Schatten und 3D-Grafiken

Zu 1

Bedenken Sie, dass Sie mit Ihrem Poster eine bestimmte Zielgruppe ansprechen möchten. Das Publikum der Konferenz setzt sich eventuell anders zusammen als die Leserschaft eines spezialisierten Journals, und besitzt zum Beispiel einen anderen wissenschaftlichen Hintergrund und Vorwissen. In den meisten Fachdisziplinen existieren Konventionen bzgl. Abbildungen. In der Psychologie beispielsweise setzt sich immer stärker die Verwendung von Konfidenzintervallen gegenüber Standardfehlern durch, da sich hier besser die Variabilität der Werte um den Mittelwert bzw. Median ablesen lässt.

4.3 · Gestaltung einzelner Elemente

◘ Tab. 4.3 Die richtige Grafik für deskriptive Daten

Vergleichende Darstellung von Mittelwerten bzw. Medianen	Balkendiagramme („Horizontal bar charts") Säulendiagramme („Vertical bar charts") Boxplots („Boxplots") Streuungsdiagramme („Scatter plots")
Verläufe, Veränderungen über die Zeit	Liniendiagramme („Line graphs")
Informationen zur Variabilität (SD, SEM, CI)	Fehlerbalken („Error bars")
Bivariate Verteilungen	Streuungsdiagramme („Scatterplots")
Relative Häufigkeiten	Tortendiagramme („Pie charts")
Verteilungen	Histogramme („Histograms")

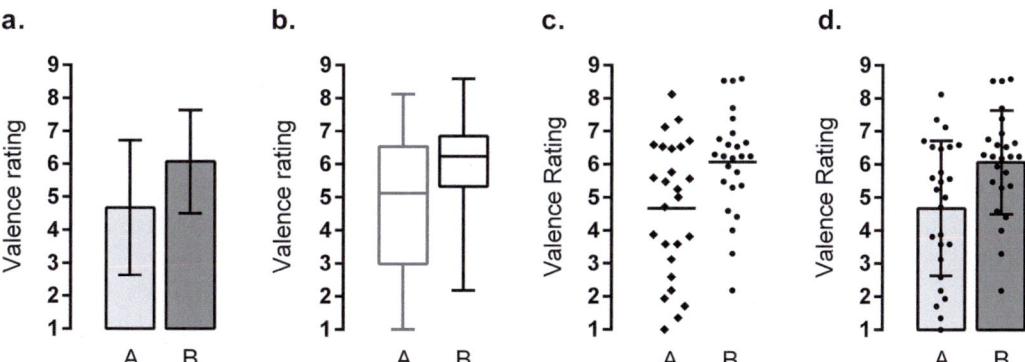

◘ Abb. 4.13 Beispiel für ein Balkendiagramm, Boxplot und ein Streuungsdiagramm

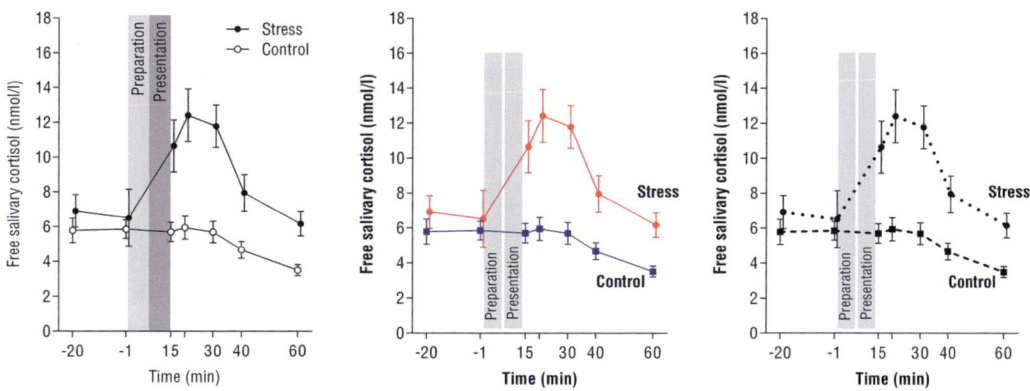

◘ Abb. 4.14 Beispiel für ein Liniendiagramm

Zu 2

Auf Postern lassen sich nur wenige Abbildungen unterbringen. Insofern ist es wichtig, nur solche Grafiken und Diagramme einzusetzen, welche die zentralen Ergebnisse der Arbeit präsentieren. Weniger ist hier mehr. Auch innerhalb einer Grafik konzentrieren Sie sich auf eine „Key message" und vermeiden Sie unnötige Details, welche von der Botschaft der Abbildung ablenken. Geprüft werden sollte also, ob die Botschaft der Abbildung grundsätzlich auch ohne zusätzliche Informationen verständlich ist.

Zu 3

Positionieren Sie einzelne Elemente einer Abbildung so, dass sie dem natürlichen Fluss der Aufmerksamkeit folgen. Die meisten Menschen beginnen dem natürlichen Lesefluss folgend beim Betrachten einer komplexen Vorlage links oben und arbeiten sich nach rechts unten durch. Schaffen Sie Ordnung, indem Sie einzelne Objekte an einem impliziten Raster ausrichten (vgl. die Anordnung einzelner Element auf dem Poster). Räumen Sie ihre Abbildung auf, soweit es geht.

Zu 4

Farben können hilfreich sein, vorausgesetzt sie werden sparsam und funktionell eingesetzt. Nutzen Sie Farbe z. B., um Unterschiede hervorzuheben. Verschiedene Versuchsbedingungen oder Versuchsgruppen können gut durch unterschiedliche Farben hervorgehoben werden. Stimmen Sie die Farben innerhalb der Grafik auf das Farbkonzept des gesamten Posters ab (▶ Abschn. 4.1 Farben). Optimal sind 2–3 Farben: Eine helle für Flächen, eine dunkle, kontrastreiche für Linien und Strichgrafiken zzgl. schwarz als Farbe für den Fließtext.

Zu 5

Kontraste erzeugen Aufmerksamkeit. Neben Farbkontrasten können dies Kontraste in Form, Größe, Orientierung oder Position sein. Kontrastreiche Einzelheiten stechen aus dem Hintergrund heraus. Achten Sie darauf, dass auch nur solche Elemente Kontraste darstellen, bei denen Sie auch eine erhöhte Aufmerksamkeit beabsichtigen.

Zu 6

Achten Sie bei der Beschriftung einzelner Elemente (Achsen, Legende, etc.) auf gut lesbare Schriften mit ausreichender Größe und ausreichendem Kontrast (schwarz auf weiß). Bei Text auf hellen Farbflächen: bitte max. 15–20 % der Vollfarbe als Hintergrundfarbe verwenden (z. B. 20 % grau als Abstufung von schwarz) (◘ Abb. 4.3 Farben von Schriften). Nutzen Sie serifenlose Schriften (z. B. Helvetica oder Arial) für die Beschriftung von Grafiken im Kontrast zu den Textelementen des Posters, welche in Serifen-Schriften gehalten sind. Beschriften Sie eindeutig. Direkte Beschriftungen sind oft klarer als die Nutzung einer Legende. Niemand möchte auf einem Poster lange nach der Legende suchen müssen. Poster dienen der schnellen Erfassung von Information.

Ein letzter allgemeiner Tipp: Verzichten Sie auf Pseudo-3D-Grafiken (Tortendiagramme, 3D-Säulendiagramme, etc.), Farbverläufe, Schattierungen und andere grafische Spielereien, obwohl diese z. B. in Excel und Powerpoint angeboten werden. Optische Spielereien lenken oft ab und erschweren das Erfassen der zentralen Aussage einer Grafik.

Allgemein gilt: Keinesfalls sollten Sie einfach Abbildungen aus Statistikprogrammen (wie z. B. SPSS) auf das Poster kopieren. Diese Abbildungen sind für ein Poster nicht optimal formatiert: die Schriften sind zu klein, die Linien zu dünn, die Farben nicht eindeutig oder sie passen nicht zu Ihrem Farbkonzept. Wie Sie aussagekräftige und schöne Diagramme und Grafiken erzeugen, erfahren Sie in ▶ Kap. 5.

Zu 7

> **Einzelne Elemente. Das Wichtigste in Kürze**
>
> — Farben: Weniger ist hier mehr; halten Sie sich an ein gewähltes Farbschema
> — Achten Sie auf eine ausreichende Schriftgröße
> — Achten Sie auf die Zeilenabstände und konsistente Abstände von Absätzen
> — Der Satzspiegel (z. B. Blocksatz) sollte konsistent durchgehalten werden
> — Vermeiden Sie zu große Wortabstände; nutzen Sie ggf. die Silbentrennung
> — Bei Abbildungen sollten Auflösung und Qualität stimmen
> — Grafiken – mit ein paar Grundregeln werden Abbildungen und Grafiken besser erfassbar

4.4 Weitere Elemente

Mit den bereits beschriebenen Elementen (Textfelder, Abbildungen, Diagramme, Grafiken und Tabellen) und bei Beachtung der wichtigsten Regeln und Tipps lassen sich schon ansehnliche Poster gestalten. Es gibt neben diesen Standardelementen noch weitere Möglichkeiten der Gestaltung, die ein Poster aus der Masse der Poster herausheben und besondere Aufmerksamkeit erregen können.

4.4.1 Videoclips oder Diashows

Videoclips oder eine Serie von Bildern können hilfreich sein, um einen komplexen Versuchsaufbau zu illustrieren oder den zeitlichen Ablauf eines Versuchsdurchgangs darzustellen. Auch können diese genutzt werden, um Beispiele für verwendete Stimuli oder spezielle Materialien zu illustrieren.

Videos als „Eyecatcher" und zur Illustration

Die Länge solcher Filme sollte 1:30–2:00 min nicht überschreiten und mit Untertiteln versehen werden. Nehmen Sie sich dazu kurze Youtube-Videos als Vorbild. Zum Abspielen eignen sich entweder Smartphones, Tablet-Computer oder einfachere elektronische Bilderrahmen. Diese können beispielsweise mit doppelseitigem Klettband auf dem Poster angebracht werden. Verlässt man als Autor das Poster, kann so das Gerät ab- und mitgenommen werden. Befindet sich hinter dem Gerät auf dem Poster ein QR-Code zu Videoclip oder Diashow, können die Inhalte auch unabhängig vom Gerät betrachtet werden. Falls man die Filme auf einem Youtube-Kanal hinterlegt, kann sogar die Anzahl der Zugriffe gemessen werden.

> **ePoster – Willkommen im 21. Jahrhundert!**
> Wenn man so will, sind ePoster die moderne Variante der klassischen Papierposter. Man könnte auch sagen, es handelt sich oftmals um eine einzelne „Folie", ein einzelnes Slide einer Powerpoint Präsentation, welche auf einem ePoster-Terminal oder einem ausreichend großen Bildschirm präsentiert wird. ePoster haben den Vorteil, dass Videomaterial, Diashows, oder ähnliches ohne weiteren Aufwand eingebunden werden können und dynamische Inhalte (z. B. über Hyperlinks) möglich sind. Insofern ist das ePoster nicht nur die elektronische Version eines statischen Papierposters, sondern bietet eine Reihe weiterer Möglichkeiten. Das geforderte Format bzw. die Restriktionen sind je nach Konferenz sehr unterschiedlich. Ob Hoch- oder Querformat hängt von den verfügbaren Bildschirmen ab, in manchen Fällen ist tatsächlich nur eine einzige Ansicht gestattet, in anderen Fällen sind einige wenige (3–5) wechselnde Ansichten möglich.
> Zur Gestaltung von einfachen ePostern können die üblichen Programme zur Postergestaltung (▶ Kap. 5 Werkzeuge) genutzt werden. Die einfachste Form ist die Präsentation als PDF-Datei im Vollbildmodus. Es existieren jedoch auch spezialisierte Programme, welche die Einbindung dynamischer Elemente erleichtern wie z. B. Prezi (▶ https://prezi.com/). Oder Sie erstellen eine Präsentation in Powerpoint mit nur einer Seite. Hinweise hierzu finden Sie ebenfalls in ▶ Kap. 5.
> Eine weitere Möglichkeit ist das Erstellen eines ePosters als HTML-Datei: Mit Hilfe eines Programms zur Gestaltung von Webseiten können Sie Ihr Poster als einzelne Webseite anlegen. Der Vorteil: Ihr Poster kann auf nahezu jedem digitalen Gerät mit Browser angesehen werden, die Datei ist sehr klein und kann auch in bestehende Webseiten (z. B. die eigene Instituts-Webseite) eingebunden werden.

4.4 · Weitere Elemente

> ePoster werden häufig in Postersessions präsentiert ähnlich den klassischen Papierpostern. In Kurzvorträgen von 3–5 min präsentiert die Posterautorin/der Posterautor die dargestellte Studie einer kleineren Gruppe, beantwortet direkt Fragen und diskutiert Rückmeldungen direkt am Poster (▶ Kap. 7 Präsentieren).
> Weitere Hinweise für die Gestaltung und Präsentation von wissenschaftlichen e-Postern finden sich z. B. bei Masters et al. (2015).

4.4.2 Objekte, Gerüche, Geräusche…

In manchen Fällen kann es hilfreich sein, für Experimente genutzte Materialien, oder spezielle Stimuli (Gerüche, Geräusche, Objekte) exemplarisch am Poster anzubringen – gewissermaßen als Anschauungs- bzw. Befühlungsmaterial. Geräusche können mittels MP3-Player und entsprechend schallisolierenden Kopfhörern präsentiert werden. Zur Demonstration von Gerüchen können z. B. sog. Sniffin-Sticks mitgebracht werden, oder es werden die verwendeten Sammelröhrchen für Proben auf dem Poster angebracht. Alles ist erlaubt, was sich am Poster anbringen lässt und was das Verständnis des Betrachters für die berichteten Methoden und Ergebnisse erleichtert. Auch hier ist doppelseitig selbstklebendes Klettband hilfreich. Es ist günstig, und man kann so ziemlich alles damit flexibel befestigen. Man sollte im Vorfeld nur daran denken, die Papierstärke des Posters entsprechend zwischen 170 g/m^2 und 250 g/m^2 zu wählen, damit beim Befestigen der Exponate auf dem Poster nichts einreißt.

4.4.3 QR-Codes

Quick-response Codes (QR-Codes) können benutzt werden, um Internetadressen oder eine elektronische Visitenkarte auf dem Poster anzubringen, welche dann mit einem Smartphone gelesen werden kann (◘ Abb. 4.15). Die meisten Smartphones besitzen eine Kamera und eine Software zum Entschlüsseln von QR-Codes. Somit entfällt der Papierkram am Poster und die Informationen sind auch verfügbar, wenn Visitenkarten oder Handouts (s. u.) vergriffen sind. Wichtig: Man sollte auf jeden Fall prüfen, ob der erzeugte QR-Code auch tatsächlich funktioniert (Vorsicht bei Umlauten!) und das gewünschte Ziel (z. B. eine Homepage oder das Handout) erreicht.

QR-Codes als link zum Internet

◘ **Abb. 4.15** Beispiel für einen QR. Dieser enthält den link zur Homepage des Autors

4.4.4 3D-Bilder

In manchen Fällen ist es sinnvoll, eine Abbildung als stereoskopisches Bild auf dem Poster zu platzieren, z. B. bei komplexen 3D-Strukturen wie z. B. Molekülen oder komplexen physiologischen Strukturen. Manchmal ist es einfach auch eine willkommene Abwechslung, wenn sich ein Poster von den vielen anderen unterscheidet.

Einfache 3D-Kameras kann man selbst basteln und die Bilder mit einem Computerprogramm nachbearbeiten, sodass die bekannten „Rot-Cyan-Bilder", sog. Anaglyphenbilder entstehen (◘ Abb. 4.16). Werden diese durch eine „Rot-Cyan"-Anaglyphenbrille betrachtet, entsteht ein stereoskopischer Eindruck – das abgebildete Objekt erscheint räumlich. Diese Brillen kann man am Poster in einer kostengünstigen Pappausführung bereithalten.

◘ **Abb. 4.16** Beispiel für ein 3D-Anaglyphen Bild. Für den 3D-Effekt ist eine Rot-Cyan-Brille notwendig. (Quelle: ▶ wikipedia.de)

4.4.5 „Doodles"

„To doodle" – zu Deutsch: Kritzeln. Falls Sie etwas auf Ihrem Poster während Ihres Vortrags von Hand skizzieren oder illustrieren möchten, bringen Sie z. B. über einer Abbildung oder einem Diagramm eine transparente Folie (z. B. Overhead-Folie) an und skizzieren Sie mit einem wasserlöslichen Overhead-Folien-Stift, was Sie deutlich machen wollen. Diese Skizze können Sie dann wieder entfernen, um bei einer nächsten Präsentation wieder Anmerkungen oder Illustrationen anbringen zu können.

Handschriftliche Illustrationen in Form von „doodles"

4.4.6 Visitenkarten

Visitenkarten kommen Ihnen vielleicht etwas angestaubt vor – gewissermaßen als ein Relikt aus dem vergangenen Jahrtausend. In der Tat haben im wissenschaftlichen Kontext gedruckte, klassische Visitenkarten vermutlich eine immer geringere Bedeutung. Dennoch, gerade auf Kongressen und Tagung, bei denen zum Teil viele neue Kontakte geknüpft werden, können Visitenkarten hilfreich sein, um sich dem Gegenüber vorzustellen und im Gedächtnis zu bleiben. Unterschätzen Sie nicht, wie viele Kolleginnen und Kollegen „alter Schule" auf solchen Veranstaltungen unterwegs sind.

Visitenkarten – die alte Schule der Kontaktaufnahme

Visitenkarten können inzwischen sehr einfach bei spezialisierten Anbietern im Internet gestaltet und bestellt werden. Die Kosten halten sich in Grenzen. Als Angehörige/r einer wissenschaftlichen Institution besteht eventuell die Möglichkeit Visitenkarten im Haus drucken zu lassen, welche sich dann in der Regel am Corporate Design der Institution orientieren und die wesentlichen Elemente (Logo, Anschrift, Institut, …) in einer vorgegebenen Anordnung enthalten. Das übliche Format in Deutschland ist das Scheckkartenformat von 85×55 mm, teilweise mit leichten Abweichungen. Gedruckt werden Sie auf hochwertigem Karton. Visitenkarten sollten immer sauber, unbenutzt, und nicht handschriftlich korrigiert sein.

Natürlich können Sie die klassischen Visitenkarten um moderne Elemente erweitern. QR-Codes (▶ Abschn. 4.4.3) bieten die Möglichkeiten, mehr Infos zu speichern. Fotos auf Visitenkarten helfen, neue Kontakte besser zuzuordnen – oder könnten Sie nach 2 Wochen noch alle Besucherinnen Ihres Posters wiedererkennen?

> **Visitenkarten-Knigge**
>
> *Deutschland.* Grundsätzlich schätzt man hochwertige Ausführungen. Sie werden in der Regel im Gespräch überreicht, können aber auch zur Mitnahme am Poster angebracht werden. Vollständige Informationen inkl. akademischen Titeln und Funktion sind erwünscht.
>
> *USA.* Visitenkarten werden in den USA eher pragmatisch benutzt, um den weiteren Kontakt nach einem Gespräch zu erleichtern. Man fragt also beispielsweise nach der Karte („business card") und übergibt ggf. die eigene Karte, um das Interesse an einem weiteren Kontakt zu bekunden.
>
> *Asien.* In Asien, v. a. in Japan und China haben Visitenkarten eine besondere Bedeutung. Sie sind dort nicht nur „Merkzettel mit Kontaktinformationen", sondern spiegeln die Identität und Stellung der Person wieder und sind deshalb mit besonderem Respekt zu behandeln. In China werden Visitenkarten besonders gerne ausgetauscht. Denken Sie also an einen größeren Vorrat mit zumindest einer englischen Seite. Überreichen Sie die Karten am besten im Stehen mit beiden Händen und nehmen Sie die Karten mit beiden Händen in Empfang. Nehmen Sie sich Zeit, die Karte zu betrachten. In Japan ist es noch etwas komplizierter. Grundsätzlich hat hier die ranghöhere bzw. ältere Person das Recht, das Überreichen der Karten zu initiieren. Will die ältere bzw. ranghöhere Person keine Karten austauschen, werden auch keine Karten ausgetauscht. Grundsätzlich übergibt diese Person die Karte mit beiden Händen, so dass die lesbare Seite oben ist. Der Empfänger nimmt die Karten mit beiden Händen entgegen mit einer leichten Verbeugung (ohne Blickkontakt!) und nimmt sich Zeit, die Karte zu studieren. Dann übergibt er oder sie die eigene Karte in gleicher Weise, ebenfalls mit einer leichten Verbeugung (ohne Blickkontakt). Verstauen Sie Ihre eigenen und die erhaltenen Visitenkarte auf keinen Fall in der Hosentasche oder legen diese achtlos weg. Etuis für Visitenkarten zeugen vom nötigen Respekt, den Sie Visitenkarten in Asien entgegenbringen sollten.

4.4.7 Handouts

Handouts – das Poster zum Mitnehmen

Die meisten Kongressbesucher sind dankbar für eine schriftliche Zusammenfassung des Posters zum Mitnehmen („Handout"). Stellen Sie also eine ausreichende Anzahl von Handouts an Ihrem Poster zu Verfügung, damit Personen mit wenig Zeit die Möglichkeit haben, Ihre Poster mitzunehmen. Auch für Zuhörer Ihrer Posterpräsentation ist es eine willkommene Möglichkeit, Ihre Ergebnisse mit nach Hause zu nehmen, um sich mit ihnen noch einmal zu beschäftigen.

Die einfachste Variante des Handouts ist eine A4-Version des Posters. Sie können ohne weiteren Gestaltungsaufwand das Poster auf einem normalen A4-Drucker ausdrucken. Überprüfen Sie, ob alle Schriften und Abbildungen bei dieser starken Verkleinerung noch lesbar sind. Sind wichtige Passagen nicht mehr lesbar, können Sie in Erwägung ziehen, die Schriften anzupassen. Alternativ können Sie ein Handout gestalten, das nur die wichtigsten Elemente enthält (gewissermaßen als Zusammenfassung), oder sie bieten – eventuell auch zusätzlich – das Originalposter zum Download an. Nutzen Sie zur Verlinkung dazu ggf. QR-Codes ▶ Abschn. 4.4.3.

Weitere Elemente. Das Wichtigste in Kürze

- Ausgefallene Elemente erzeugen Aufmerksamkeit
- Sparsam eingesetzt helfen solche Elemente die Hauptbotschaft des Posters zu transportieren
- QR-Codes finden eine immer größere Verbreitung. Dahinter können sich Links zu einer elektronischen Version des Posters, der Institutshomepage oder der Emailadresse des/der Autors/-in verbergen
- Handouts und/oder Visitenkarten helfen beim „Networking" mit Fachkolleginnen und -kollegen

4.5 Vorlagen und Templates

Im Netz kursieren eine Vielzahl von Vorlagen und Templates, die man zur schnellen Gestaltung des eigenen Posters nutzen kann. Nicht alle sind vollständig nach den hier dargelegten Empfehlungen gestaltet. Dennoch ist dies eine Möglichkeit, schnell und relativ unkompliziert zum Ziel zu kommen. Man kann diese Vorlagen in vielen Fällen kostenlos herunterladen und nach den eigenen Vorstellungen bzw. den oben aufgeführten Hinweisen optimieren.

Postervorlagen und Templates im Netz

▶ https://templates.office.com/en-us/science-project-poster-tm00001151
▶ https://www.makesigns.com/SciPosters_Templates.aspx
▶ https://www.posterpresentations.com/free-poster-templates.html
▶ http://www.academicposter.org/postertemplates.html

Templates und Vorlagen mit dem Corporate Design

Tipp: Viele Abteilungen der Öffentlichkeitsarbeit (Presse- und Marketingabteilungen) und nahezu alle Hochschulen halten Templates für Poster (und andere Kommunikationsmittel) bereit, die dem Corporate Design der Institution entsprechen. Oftmals sind zumindest Vorlagen für Powerpoint vorhanden, die zumindest die Grundstruktur vorgeben und schnell mit Inhalten gefüllt werden können. Auch können diese Vorlagen nach den hier beschriebenen Empfehlungen verändert und angepasst werden.

Fertige Vorlagen schränken unwillkürlich ein

Die Verwendung von fertigen Vorlagen und Templates hat auch Nachteile: Es besteht die Tendenz, Vorlagen nicht nach den eigenen Bedürfnissen anzupassen und nur mit den eigenen Inhalten zu füllen. Obwohl mit unterschiedlichen Inhalten gefüllt, sehen viele Poster dann doch sehr ähnlich aus und letztlich hebt sich das eigene Poster dann doch zu wenig von der Masse ab. Insofern raten wir eher davon ab, Vorlagen und Templates zu benutzen, wenn es nicht unbedingt nötig ist. Eine Ausnahme bilden die oft eher sparsamen Vorlagen mit dem Corporate Design.

Wir haben uns bemüht, im Folgenden Beispiele für Poster zu generieren, welche in weiten Zügen nach den oben beschriebenen Prinzipien gestaltet wurden. Sie sollen als Anregung dienen und illustrieren, wie verschieden die Entwürfe sein können. Da Hoch- und Querformat sich bzgl. der Struktur deutlich unterscheiden können, haben wir für beide Formate ein paar Beispiele erzeugt ◘ Abb. 4.17.

Eine letzte Anmerkung: Ob ein Poster in Bezug auf seine Gestaltung gefällt oder nicht, liegt letztlich auch im Auge des Betrachters. Insofern gibt es neben den gesicherten gestalterischen Prinzipien und Regeln, die wir in diesem Kapitel beschrieben haben, einen großen Spielraum, in welchem man eigenen Vorstellungen und subjektiven Vorlieben folgend das eigene, individuelle Poster gestalten kann. Jeder hat seinen eigenen Stil – nur Mut zur Kreativität!

> **Templates und Vorlagen. Das Wichtigste in Kürze**
>
> – Templates und Vorlagen sind vor allem für Powerpoint teilweise im Netz kostenlos erhältlich
> – Presse- und Marketingabteilungen halten oft Vorlagen im Corporate Design bereit
> – Templates kann man leicht anpassen und optimieren und schnell mit Inhalten füllen
> – Nachteil: Sie schränken die Individualität der Poster ein

4.5 · Vorlagen und Templates

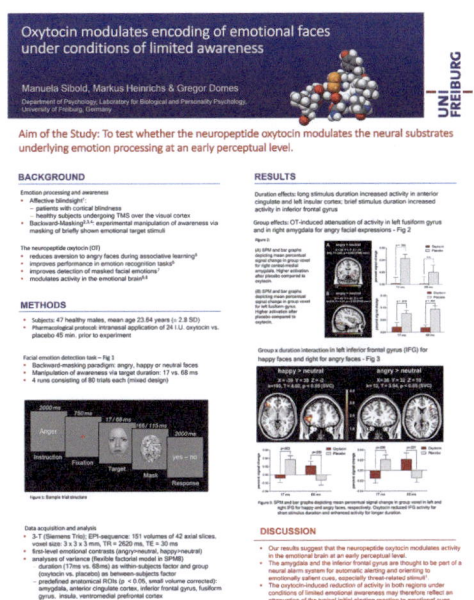
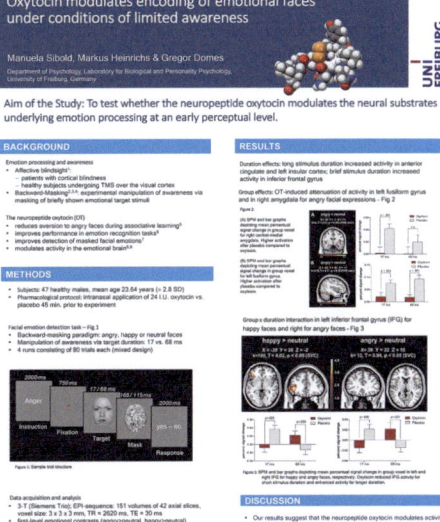
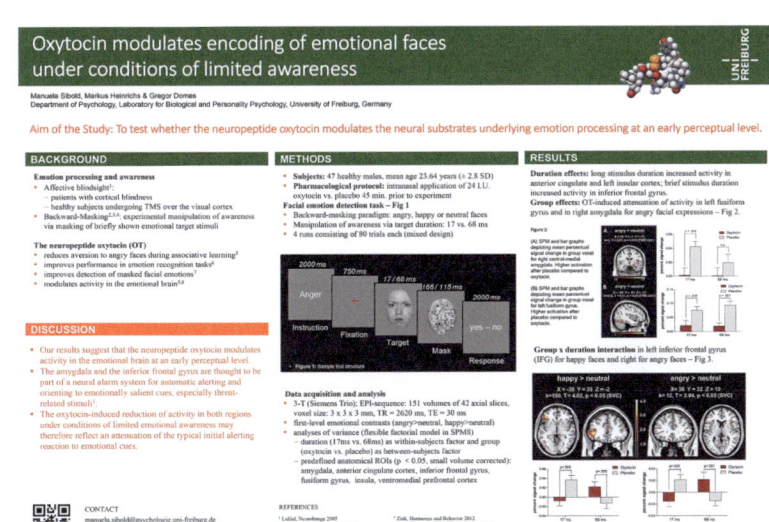

Abb. 4.17 Beispiele für Hoch- und Querformat

Literatur

American Psychological Association (Hrsg) (2010) Publication manual of the American Psychological Association, 6. Aufl. American Psychological Association, Washington, DC

Elliot AJ (2015) Color and psychological functioning: a review of theoretical and empirical work. Front Psychol 6. ▶ https://doi.org/10.3389/fpsyg.2015.00368

Masters K, Gibbs T, Sandars J (2015) How to make an effective e-poster. MedEdPublish 4:1. ▶ https://doi.org/10.15694/mep.2015.004.0001

Rolandi M, Cheng K, Pérez-Kriz S (2011) A brief buide to designing effective figures for the scientific paper. Adv Mater 23(38):4343–4346

Werkzeuge – ohne geht es nicht...

Inhaltsverzeichnis

5.1 Poster einfach am PC erstellen – 70

5.2 Poster gestalten für Fortgeschrittene – 77

5.3 Verständliche Grafiken und Diagramme – 84
5.3.1 Grafiken aus Tabellenkalkulationen – 84
5.3.2 Grafiken aus Statistikprogrammen – 85
5.3.3 Grafiken mit speziellen Grafikprogrammen – 87

5.4 Zeichnen und Malen mit Vektoren – 88

5.5 Der perfekte Umgang mit Bildern – 90

Literatur – 92

© Springer-Verlag GmbH Deutschland, ein Teil von Springer Nature 2020
G. Domes und R. Christe, *Wissenschaftliche Poster gestalten und präsentieren*,
https://doi.org/10.1007/978-3-662-61496-9_5

5.1 Poster einfach am PC erstellen

Einfache Poster lassen sich mit Powerpoint erstellen

Powerpoint als Teil des Office-Pakets von Microsoft erlaubt das schnelle Erstellen einfacher Poster, obwohl es ursprünglich nicht für diesen Zweck entwickelt wurde. Gedacht ist Powerpoint eigentlich zum Erstellen von Präsentationen bestehend aus mehreren Folien mit teilweise dynamischen Elementen, welche per Bildschirm oder Projektor präsentiert werden. Das trifft im Prinzip auch auf alle verfügbaren, teilweise kostenfreien „Clone" von Microsoft Powerpoint zu, wie z. B. Impress als Teil von Apache OpenOffice und LibreOffice, welche auch für MacOS und Linux erhältlich sind und damit plattformübergreifende Alternativen darstellen.

Der größte Vorteil der Office-Pakete liegt auf der Hand: Auf nahezu jedem Rechner ist die eine oder andere Version dieser Standardprogramme installiert und steht damit ohnehin zur Verfügung. Die Nachteile bestehen hauptsächlich in einem begrenzten Funktionsumfang. Word ist ein klassisches Programm zur Textverarbeitung d. h. zur Abfassung einfacher Schriftstücke in einer Büroumgebung, Powerpoint eine Oberfläche zur Präsentation im Rahmen von Vorträgen. Daher verwundert es nicht, dass professionelle Werkzeuge, wie sie zum Gestalten von Postern benötigt werden, weitgehend fehlen. Die Möglichkeit auf mehreren Ebenen zu arbeiten fehlt, ebenso das komfortable Ausrichten von Elementen wie Text oder Abbildungen. Eines der größten Hindernisse tritt beim Drucken der Daten auf, da alle MS Office Programme im RGB Modus arbeiten und die Farben daher für den Druck konvertiert werden müssen.

Diese erweiterten Funktionen finden sich dann in speziellen Programmen zur Gestaltung von Schriftstücken, wie z. B. Adobe InDesign, QuarkXpress, Scribus (▶ Abschn. 5.2), Corel Draw oder Affinity Designer. Dennoch wird man mit Microsoft Powerpoint viele Posterprojekte realisieren können.

Die folgenden Schritt-für-Schritt Beschreibungen beziehen sich auf Powerpoint 2016 für Windows, sind jedoch mit leichten Modifikationen auf andere Versionen und andere Programme übertragbar.

■■ 1. Anlegen eines „leeren Blattes"

Der erste Schritt: Anlegen eines leeren Blattes

Der erste Schritt besteht im Anlegen eines neuen leeren Arbeitsblattes – gewissermaßen einer einzelnen leeren Folie (Slides) mit der gewünschten Größe des zu erstellenden Posters.

a) **Setzen der Foliengröße:** Die benutzerdefinierte Foliengröße stellen Sie so ein: Menü *ENTWURF* → Schaltfläche *Foliengröße* → Auswahl *Benutzerdefinierte Foliengröße…* Es öffnet sich der Dialog zur Einstellung der benutzerdefinierten Foliengröße. Wählen Sie unter *Foliengröße* den letzten Menüpunkt *Benutzerdefiniert* und geben Sie unter Breite und Höhe die gewünschten Werte ein. Für DIN A0 Hochformat z. B. Breite: 84,1 cm und Höhe: 118,9 cm (Abb. 5.1).

b) **Entfernen von voreingestellten Elementen (Folienlayout):** Rechtsklick auf die einzige vorhandene Folie in der linken Spalte. Aus dem erscheinenden Kontextmenü wählen Sie *Layout* und dann *Leer*. In der Ansicht rechts sollten dann die voreingestellten Elemente verschwinden. Sie haben jetzt ein „weißes Blatt" in der Größe des späteren Posters (Abb. 5.2).

c) **Hintergrund einfügen bzw. einfärben:** Hintergrund einfügen, bzw. einfärben geht so: Menü *ENTWURF*→ Schaltfläche *Hintergrund formatieren*. Es öffnet sich ein Dialog, in welchem Sie die Füllung des Hintergrundes formatieren können, darunter z. B. einfarbig einfärben, einen Farbverlauf festlegen oder eine Textur bzw. Muster einfügen (Abb. 5.3).

▪▪ 2. Einfügen eines Rasters

Die Positionierung einzelner Elemente bzw. deren horizontale und vertikale Ausrichtung werden durch ein Raster bzw. Hilfslinien erleichtert. Diese Hilfsmittel können in Powerpoint folgendermaßen aktiviert werden.

> Raster und Hilfslinien in Powerpoint erleichtern die Ausrichtung von Elementen

a) **Raster und Führungslinien:** Powerpoint bietet einfache Werkzeuge zum Ausrichten einzelner Elemente: Sie können ein grobes Raster definieren und verschiebbare Führungslinien einfügen. Diese werden im Menü *ANSICHT* durch Setzen der entsprechenden Häkchen aktiviert. Ein erweitertes Menü erlaubt das Setzen eines benutzerdefinierten Rasters. Daneben lassen sich alle Elemente auch per Kontextmenü *Größe und Position* (Rechtsklick auf den Rahmen eines Textfeldes oder eines Grafikelementes) verschieben, positionieren und in der Größe anpassen.

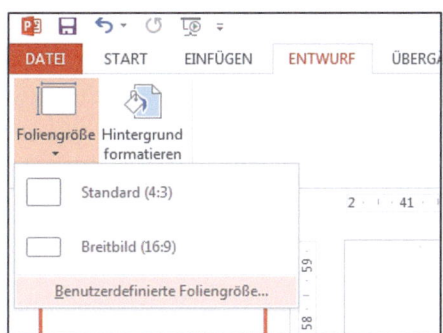 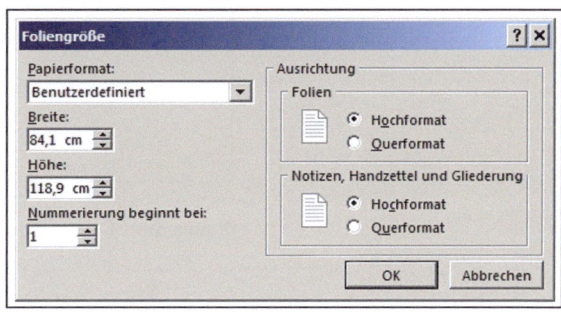

Abb. 5.1 Dialogfeld zum Anlegen einer leeren Folie in der Größe eines DIN A0 Posters

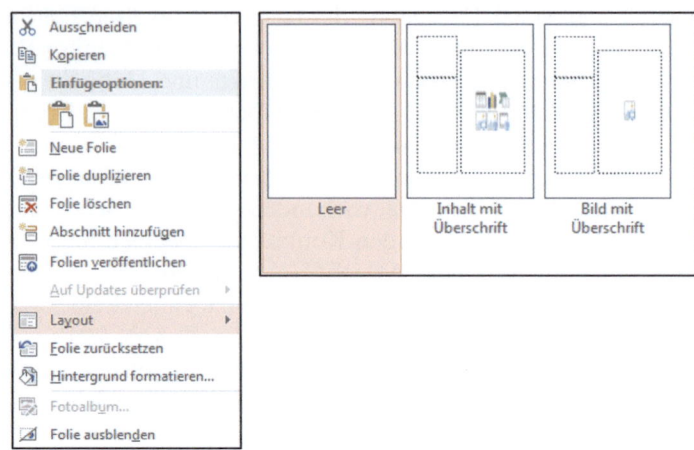

Abb. 5.2 Setzen des Layouts als leeres Blatt

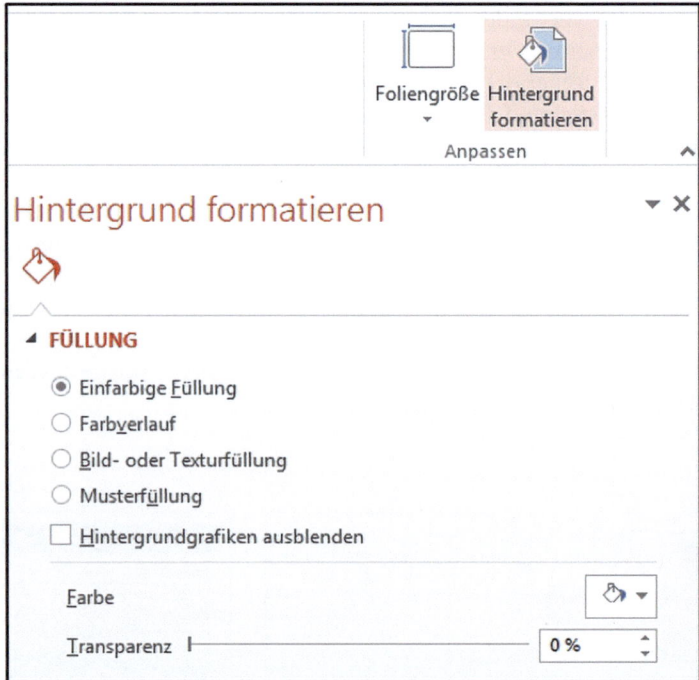

Abb. 5.3 Dialogfeld zum Formatieren des Hintergrundes

Das Gestaltungsraster spielt eine wichtige Rolle beim Erstellen eines Posters (siehe ▶ Abschn. 3.4). Es dient als Ordnungssystem zur Positionierung von Texten, Bildern und Grafiken. Es ist daher sehr hilfreich und zeitsparend, wenn man mehrere Elemente exakt ausrichten möchte. Die Ausrichtung beim Einfügen erfolgt bei entsprechender Einstellung in Powerpoint automatisch. Spätere Änderungen sind problemlos möglich. Auch kann man Elemente bewusst aus dem Raster fallen lassen.

Mithilfe der Funktion *Lineal/Gitternetzlinien* bzw. *Führungslinien* können Sie sich ein eigenes Gestaltungsraster in Powerpoint anlegen (Vorsicht: Die Macintosh Version von Powerpoint unterscheidet sich hier etwas von der Windows Version). Um das Raster einzublenden, aktivieren Sie im Register *ANSICHT* in der Gruppe *Anzeigen* die Option *Gitternetzlinien*. Führungslinien werden mit der Option *Führungslinien* aktiviert. Die Funktion *Gitternetzlinien* erstellt ein Kästchenraster ähnlich dem eines Schulheftes. Mit der Funktion *Führungslinien* können Sie zusätzlich Hilfslinien an beliebigen Stellen positionieren. Über einen Rechtsklick auf eine freie Fläche in Ihrem Powerpoint-Poster gelangen Sie im Kontextmenü über die Option *Raster und Führungslinien* zu den Einstellungen der Hilfslinien (◘ Abb. 5.4). Im Kontextmenu können auch zusätzliche Führungslinien hinzugefügt werden.

Gitternetz- und Führungslinien hinzufügen

▪▪ 3. Einfügen und Formatieren einzelner Elemente

Textfelder, Grafiken, Diagramme und andere grafische Elemente, wie z. B. Pfeile, geometrische Formen u. ä. werden als Elemente einzeln eingefügt, formatiert und positioniert. Bereits eingefügte Elemente können im Bearbeitungsprozess verschoben und verändert werden, so dass deren Anordnung und Größe in Abhängigkeit voneinander oder aufgrund weiterer Inhalte angepasst werden kann.

Textfelder, Grafiken und Diagramme werden als Objekte eingefügt

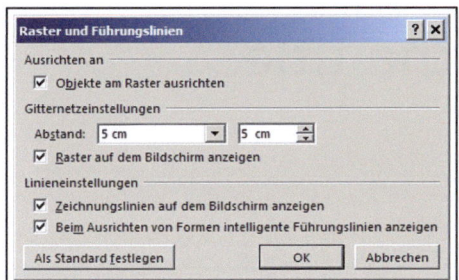
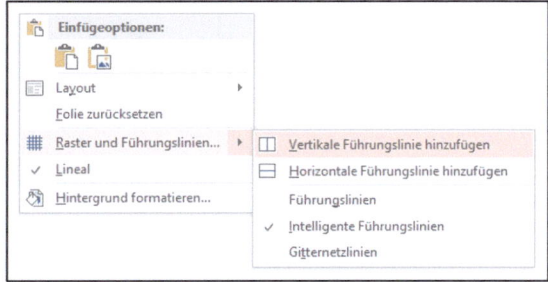

◘ Abb. 5.4 Einrichten eines Rasters und Führungslinien

Textfelder können eingefügt und direkt mit Text gefüllt werden

a) **Textfelder einfügen:** Wählen Sie im Menü *EINFÜGEN* die Schaltfläche *Textfeld*. Mit gedrückter linken Maustaste können Sie das Textfeld in der gewünschten Größe direkt auf der Arbeitsfläche aufziehen. Die Größe kann nachher noch geändert werden. Sie können direkt in das erzeugte Textfeld schreiben. Wollen Sie nachträglich Text einfügen, muss das Textfeld mit einem Linksklick auf den bereits vorhandenen Text „aktiviert" werden. Wollen Sie das Feld als Ganzes auswählen, z. B. zum Verschieben, müssen Sie mit einem Linksklick den Rahmen anwählen. Jetzt können Sie z. B. die Textgröße im gesamten Feld verändern oder den Rahmen neu positionieren (◘ Abb. 5.5).

> **Tipp**
>
> *„Lorem ipsum dolor sit amet,…"* Falls Sie noch nicht abschätzen können, wie groß das Textfeld werden muss, um eine bestimmte Menge Text mit einer definierten Schriftgröße aufzunehmen, nutzen Sie einen sog. „Lorem Ipsum" Textgeneratoren (z. B. ▶ http://www.loremipsum.de/), zur Erzeugung von Zufallstext. Dieses ans Lateinische angelehnte Kauderwelsch können Sie später durch Ihren Text ersetzen.
> *Eine weitere Alternative* ist der Befehl = *rand(x)*: Mit diesem Befehl können Sie Blindtexte direkt in Microsoft Word erzeugen und befüllen: Dazu muss die Funktion = rand (x) ins das Textfeld eingeben werden, wobei x für die Anzahl der zu erstellenden Absätze steht. Diesen Text können Sie dann in das entsprechende Textfeld des Posters kopieren.

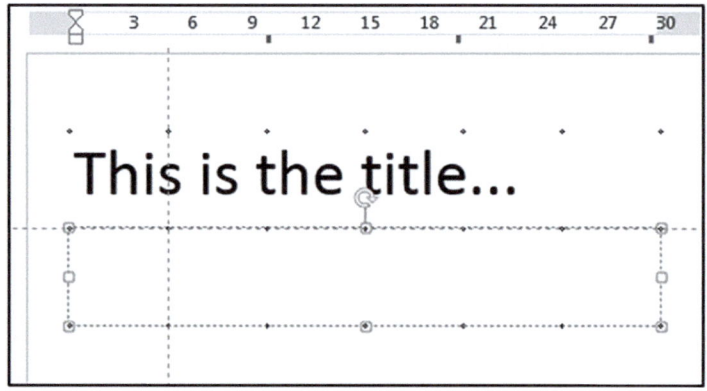

◘ **Abb. 5.5** Textfeld mit Raster und Führungslinien

b) **Grafiken einfügen und formatieren:** Bereits vorhandene, in einem anderen Programm erstellte Grafiken können auf verschiedenen Wegen eingefügt werden. Der einfachste und schnellste Weg ist das Einfügen per Copy & Paste, d. h. Sie kopieren eine in einem anderen Programm geöffnete Grafik in den Zwischenspeicher und fügen diese dann in das geöffnete Poster ein. Voraussetzung: Auflösung und Qualität sind ausreichend. Beachten Sie also vor dem Einfügen auf jeden Fall die Mindestanforderung an Auflösung bzw. Mindestgröße in Pixeln ▶ Abschn. 4.3.3. Strichzeichnungen und reine Schwarz-Weiß-Abbildungen sollten mindestens in 600 dpi (besser 1200 dpi) vorliegen, für echte Graustufen- oder Farbabbildungen genügen 300 dpi.

> Abbildungen aus anderen Programmen können per Copy & Paste eingefügt werden

Der zweite Weg nutzt die Einfügefunktionen von Powerpoint: Im Menü *EINFÜGEN* finden sich spezielle Schaltflächen zum Einfügen von Bildern, Formen, SmartArt und Diagrammen. Beim Einfügen von Bildern öffnet sich ein Dialogfeld zur Auswahl der entsprechenden Datei und zur Vorauswahl von spezifischen Formaten. Neben einfachen geometrischen Formen steht eine Reihe von sog. SmartArt Elementen zur Verfügung. Diese können nach dem Einfügen mit Inhalt (Text) gefüllt und direkt formatiert werden.

> Über die Einfügefunktion können alle Arten von Elementen eingefügt werden

Formatieren lassen sich bereits eingefügte Grafiken durch einen Rechtsklick auf das entsprechende Element und die Auswahl der Kontextmenüpunkte *„Größe und Position…"* oder *„Grafik formatieren…"*. Beide Optionen aktivieren den Dialog „Grafik formatieren". Alternativ kann durch einen Linksklick der Reiter *BILDTOOLS* und das Menü *FORMAT* aktiviert werden, über welches einzelne Funktionen zum Formatieren aufgerufen werden können. Dazu gehören einfache Korrekturfunktionen für Farben, Kontrast, Helligkeit, Anpassung der Größe, und ein einfaches Werkzeug zum rechteckigen Beschneiden und Freistellen der Abbildung. Der volle Funktionsumfang findet sich jedoch nur im Dialogfeld, über das man per Rechtsklick (s. o.) gelangt (◘ Abb. 5.6).

> Formatierungen in Powerpoint werden über die entsprechenden Kontextmenüs vorgenommen

Kopieren von Grafiken aus PDF Dokumenten

Manchmal möchte man Grafiken direkt aus einem bereits vorhandenen PDF Dokument kopieren. Oft stellt man fest, dass per Copy & Paste der Ausschnitt nicht stimmt oder die Auflösung und Qualität zu gering ist. Vorausgesetzt dass die Auflösung der Abbildung im PDF Dokument ausreichend ist, gibt es einen Trick: Man wählt im Acrobat Reader im Menü *BEARBEITEN* die Option *Schnappschuss erstellen* und wählt den zu kopierenden Bereich (die Abbildung) aus. Im Hintergrund wird dieser Ausschnitt automatisch in den Zwischenspeicher

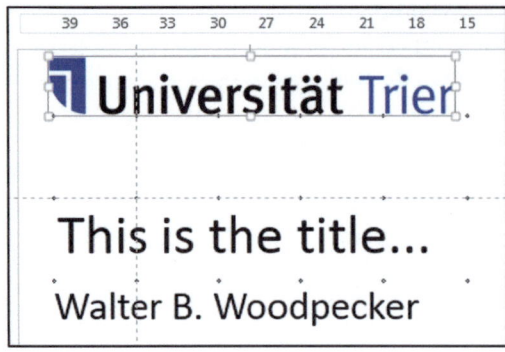

Abb. 5.6 Formatieren eines eingefügten Bildes

kopiert – dies jedoch nur mit der aktuell eingestellten Auflösung/Vergrößerung (z. B. 100 %). Will man mit höherer Auflösung kopieren, vergrößert man die Ansicht des gesamten Dokuments im Menü *ANZEIGE* mit der Option *Zoom* oder man wählt eine höhere Anzeige (z. B. 400 %) mit der Schaltfläche in der Kopfzeile. Dabei darf die Auswahl des Bildbereichs nicht geändert werden (Markierung muss noch aktiviert sein). Mit der Tastenkombination STRG + V speichert man die Auswahl erneut in den Zwischenspeicher und kann diese dann mit der Tastenkombination STRG-C in das Dokument in Powerpoint einfügen.

▪▪ 4. Speichern in eine PDF-Datei

Speichern nicht vergessen

Speichern Sie das Poster während der Bearbeitung von Zeit zu Zeit ab. So beugen Sie dem Frust vor, wenn es einmal zu einem Programmabsturz kommt und Sie mehrere Stunden Arbeit wiederholen müssen. Machen Sie sich eine logische Struktur zur Dateibenennung. Geben Sie Ihrem Kind einen Namen: Mit Dateien, die *NEU, NEUER* oder *NEU 1,2,3* heißen werden Sie keine Freude haben und im Zweifelsfall finden Sie das aktuelle Dokument nicht wieder. Besser ist es, inhaltlich sinnvolle Namen zu vergeben (z. B. *Encoding_Poster_UniFreiburg_25062019_v1.pdf*).

Das fertige Poster kann in eine PDF Datei „gedruckt" werden

Ist das Poster fertig erstellt, „drucken" Sie es in eine PDF-Datei. Am einfachsten aber auch mit wenigen Optionen gelingt das folgendermaßen: Im Menü *DATEI* wählen Sie die Option *Als Adobe PDF speichern*. Es öffnet sich der übliche Dialog zum Speichern von Dateien (Dateityp: PDF files [*.pdf] ist vorausgewählt). Mit *Optionen* gelangen Sie zu einem Dialog, der es erlaubt bei mehreren Postern in einer Powerpoint-Datei (mehrere Folien) nur eine bzw. die aktuelle als PDF zu speichern.

Die zweite Möglichkeit: Bestimmen Sie zunächst unter *DATEI > Optionen* mit dem Punkt *Erweitert* die Bildqualität. Legen Sie dazu die *Standardzielausgabe* auf 330 ppi fest. Wählen Sie im Hauptmenü unter *DATEI* den Punkt *Exportieren,* klicken Sie auf *PDF/XPS-Dokument erstellen* und anschließend auf den gleichnamigen Button. Wählen Sie in dem sich öffnenden Fenster den Dateityp *PDF* (1) aus und *Optimieren für: Standard* (2). Klicken Sie anschließend auf die Schaltfläche *Optionen* (3).

> Das Poster kann in eine PDF Datei „exportiert" werden

Setzen Sie hier das Häkchen bei *ISO 19005-1-kompatibel (PDF/A)* (in der Office 365-Version bei „PDF/A-kompatibel") und schließen Sie das Fenster anschließend mit einem Klick auf *OK*. Nun haben Sie alle Einstellungen für den Export eines druckfähigen PDFs vorgenommen und können diesen mit einem finalen Klick auf *Veröffentlichen* abschließen. Ein paar Hintergrundinformationen zum PDF-Format finden Sie im ▶ Abschn. 6.2. Druckvorlage erstellen – PDF in a nutshell.

> Korrekte PDF-Einstellungen für ein gutes Druckergebnis in Powerpoint

---

Powerpoint und co. Das Wichtigste in Kürze

- Powerpoint (oder OpenOffice Impress) eignet sich für die meisten (einfachen) Posterprojekte, obwohl es dafür eigentlich nicht geschaffen wurde
- Es bietet die wichtigsten Grundfunktionen zum Einfügen, Ausrichten und Formatieren von Textfeldern
- Grafiken lassen sich aus anderen Anwendungen des zugehörigen Officepakets komfortabel einbinden
- Der Export in ein PDF als Druckvorlage kann direkt in Powerpoint erfolgen
- Probleme kann es beim Druck bei der Umwandlung von Bildschirmfarben zu Druckfarben geben

---

5.2 Poster gestalten für Fortgeschrittene

Die professionellste Lösung, Poster Vorlagen zu erstellen, ist die Verwendung eines Layout-Programms wie z.B. Adobe Indesign, QuarkXpress, Corel Draw oder Scribus. Mit diesen rahmenorientierten Layout-Programmen können Sie komplexe Publikationen und Druckerzeugnisse erstellen, allerdings sind sie meist deutlich teurer und erfordern erweitertes Fachwissen in Desktop Publishing (Druck- und Satz-

> Layout-Programme sind die professionelle Alternative zu Powerpoint

technik) und Typografie. All diese Programme haben den Vorteil, für Drucksachen entwickelt worden zu sein, damit arbeiten sie bereits im richtigen Farbraum für Druck (CMYK) und haben Einstellungen, die beim Verarbeiten von Druckprodukten von Vorteil sind (z. B. die Möglichkeit der Beschnittzugabe).

Scribus ist ein Open Source Layout-Programm mit einer großen Community

Eine interessante Alternative ist Scribus: „Scribus Open Source Desktop Publishing" ist wie Adobe Indesign oder QuarkXpress ein rahmenorientiertes Layout-Programm, mit welchem Publikationen in verschiedenen Formaten erstellt werden können. Es ist jedoch Open Source, kostenlos und kann auch auf exotischeren Betriebssystemen (Linux, FreeBSD, PC-BSD, NetBSD, OpenBSD, Solaris, OpenIndiana, Debian GNU/Hurd, Mac OS X, OS/2 Warp 4, eComStation, Haiku und Windows) verwendet werden. Die Scribus Website (▶ www.scribus.net) enthält zudem weitere interessante Links zu Open Source Software, eine Vielzahl von Hilfeseiten und „die Heimat" einer großen Community von Entwicklern und Anwendern. Damit bildet es eine professionelle und kostengünstige Lösung, um Druckprodukte wie Poster, Flyer, Visitenkarten, etc. zu erstellen.

Für Scribus wird Ghostscript benötigt

Beachten Sie: Scribus benötigt Ghostscript zur Erzeugung von druckfähigen PDF-Dateien. Ghostscript sollte vor der Installation von Scribus installiert werden. Es ist für Windows und Linux erhältlich unter ▶ www.ghostscript.com.

Im Folgenden werden wir einige Grundfunktionen von Scribus betrachten, die speziell bei der Erstellung von Postern hilfreich sind. Vertiefte Kenntnisse kann man sich mit Hilfe einer Vielzahl von Tutorials erarbeiten.

Weiterführende Links zu Scribus
− Download und Dokumentation. ▶ www.scribus.net/
− Wiki: ▶ https://wiki.scribus.net/canvas/Scribus
− Tutorials in Englisch: ▶ https://www.lifewire.com/scribus-software-tutorials-1078942
− Einige Templates: ▶ www.scribus-templates.net

1. Grundeinstellungen

Grundeinstellungen in Scribus

Scribus kann in verschiedenen Sprachen installiert werden. Sollten Sie die Sprache nach der Installation ändern wollen, können Sie die Sprachvariante über die Einstellungen (*DATEI* > *Allgemeine Einstellungen*) ändern. Dort kann man alle Grundeinstellungen der Software der Reihe nach vornehmen. Unter *Allgemein* legen Sie die Sprache der Benutzeroberfläche fest, das Aussehen der Software sowie den generellen Speicherort der Dokumente (Pfade) (◘ Abb. 5.7).

5.2 · Poster gestalten für Fortgeschrittene

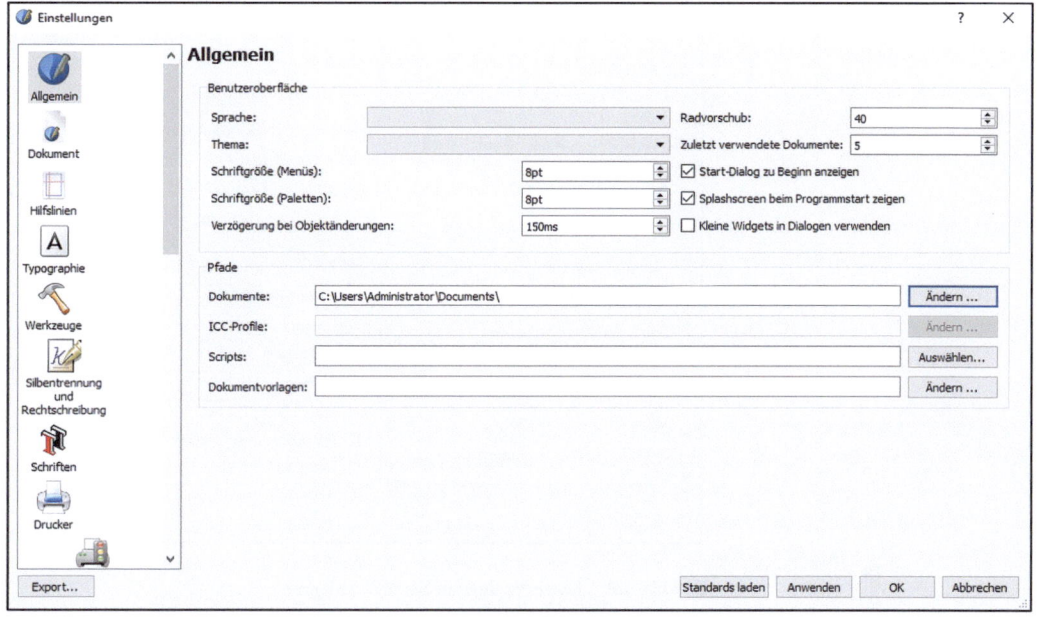

◘ Abb. 5.7 Allgemeine Einstellungen in Scribus

▪▪ 2. Anlegen des gewünschten Formates für das Poster

Beim Starten von Scribus wird standardmäßig ein neues Dokument angelegt. Sie können jederzeit neue Dokumente anlegen (*DATEI > Neu*) und das benötigte Format für Ihr Poster festlegen. Bei einem Poster wählen Sie unter *Dokumentlayout > einzelne Seite*, danach die Größe und die Ausrichtung des Formates (Hoch oder Querformat). Unter *Ränder* können Sie einen Rand als Hilfslinie anlegen, unter *Anschnitt* den sog. Beschnittrand (◘ Abb. 5.8).

Anlegen eines neuen Dokuments in Scribus

▪▪ 3. Hilfslinien und mehr

Im Menü *DATEI* findet sich unter *Dokument einrichten* der Dialog *Hilfslinien*. Hier können verschiedene Hilfslinien als Gestaltungsraster angelegt vorpositioniert werden (◘ Abb. 5.9). Wählen Sie für die Farben des Rasters/der Hilfslinien einen starken Kontrast zu Ihren Gestaltungselementen. Blaue Hilfslinien auf blauem Bildelementen strengt beim Arbeiten die Augen unnötig an.

Ein Raster kann farblich angepasst werden

Sie können später jederzeit beliebig viele weitere Hilfslinien hinzufügen, indem Sie in die Lineale klicken und diese „herausziehen". Halten Sie dazu die linke Maustaste gedrückt und ziehen Sie die neue Hilfslinie an die gewünschte Position. Korrigieren Sie wenn nötig, indem Sie die Hilfslinie erneut anfassen.

Zusätzliche Hilfslinien per Drag & Drop erstellen

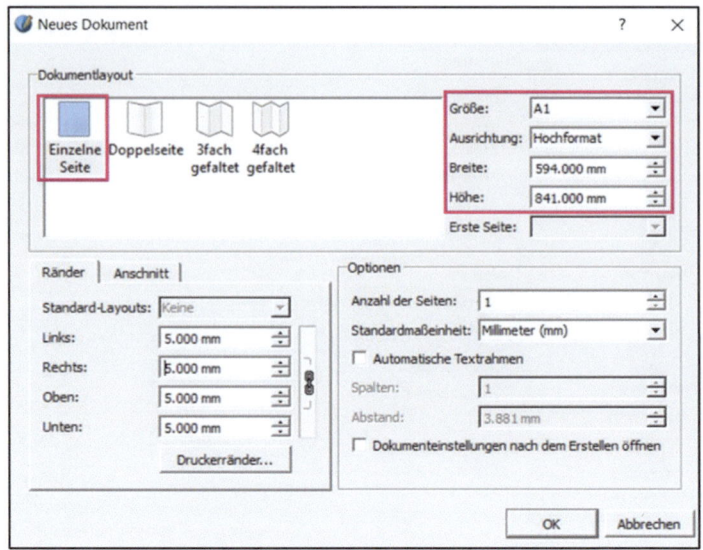

◘ **Abb. 5.8** Leere Vorlage in Scribus anlegen

Das Grundlinienraster mit horizontalen Linien dient dazu, Spalten registerhaltig zu halten, das heißt, dass der Text über mehrere Spalten hinweg auf derselben Linie bzw. Höhe platziert ist.

Vergessen Sie nicht, dass Scribus ein rahmenorientiertes Layoutprogramm ist. Um Bild- oder Textelemente zu platzieren, müssen Sie das jeweilige Feld auf ihrem Poster aufziehen und entsprechend positionieren bzw. verschieben.

■■ **4. Einfügen einzelner Elemente**

a) **Textfelder einfügen**

1. Textrahmen erstellen und positionieren. Wählen Sie im Menü *EINFÜGEN* die Option *Textrahmen einfügen* (Kurzbefehl: T). Mit gedrückter linken Maustaste können Sie das Textfeld in der gewünschten Größe direkt auf der Arbeitsfläche aufziehen. Größe und Position kann nachher noch geändert werden.

   Textrahmen bzw. Textfeld erstellen

2. Die Eigenschaften des Textfeldes (z. B. Position, Schriftart, Stil, Größe, Zeilenabstand, Absätze, Textfluss usw.) legen Sie fest, indem Sie das Kontextmenü des Textfeldes mit der rechten Maustaste öffnen und den letzten Punkt Eigenschaften wählen (Kurzbefehl: F2). Sie können hier den Textrahmen auch einen Namen (z. B. „Titel" oder „Text Ergebnisse 1") geben (◘ Abb. 5.10). Tipp: Definieren Sie für jeden Textteil mit spezifischen Formatierungen einen eigenen Textrahmen. So können Sie für jedes

   Eigenschaften des Textfeldes festlegen

5.2 · Poster gestalten für Fortgeschrittene

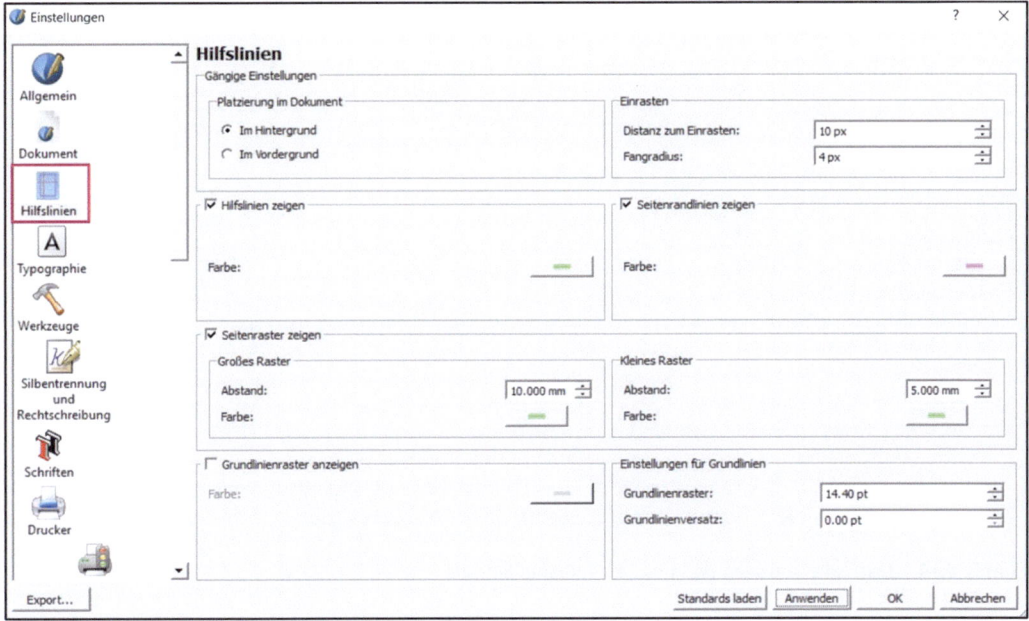

Abb. 5.9 Hilfslinien in Scribus

Textelement Zeilenabstände, u. ä. einheitlich festlegen und nachträglich verändern.

3. Den Inhalt des Textfeldes geben Sie ein, indem Sie das Kontextmenu des Textfeldes öffnen und den Punkt Text bearbeiten (Kurzbefehl: Strg + T) wählen. Hier können Sie mehrere Absätze eingeben oder per Copy & Paste einfügen (Abb. 5.10). — Mit Text füllen

b) **Grafiken einfügen und formatieren:** Dies funktioniert analog zum Vorgehen bei Texten.

1. Bildrahmen erstellen. Wählen Sie im Menü *EINFÜGEN* die Option *Bildrahmen einfügen* (Kurzbefehl: I). Mit gedrückter linken Maustaste können Sie den Bildrahmen in der gewünschten Größe direkt auf der Arbeitsfläche aufziehen. Größe und Position kann nachher noch geändert werden. — Bildrahmen erstellen
2. Die Eigenschaften des Bildrahmens (z. B. Position, Größe) legen Sie fest, indem Sie das Kontextmenü des Bildrahmens mit der rechten Maustaste öffnen und den letzten Punkt *Eigenschaften* wählen (Kurzbefehl: F2). Auch Bildrahmen können Sie benennen (z. B. „Abbildung 1 Versuchsablauf") (Abb. 5.11). — Bildrahmen Eigenschaften festlegen
3. Bereits vorhandene, in einem anderen Programm erstellte Grafiken können eingefügt werden, indem Sie das Kontextmenu des Bildrahmens öffnen und den Punkt — Bildrahmen mit Inhalt füllen

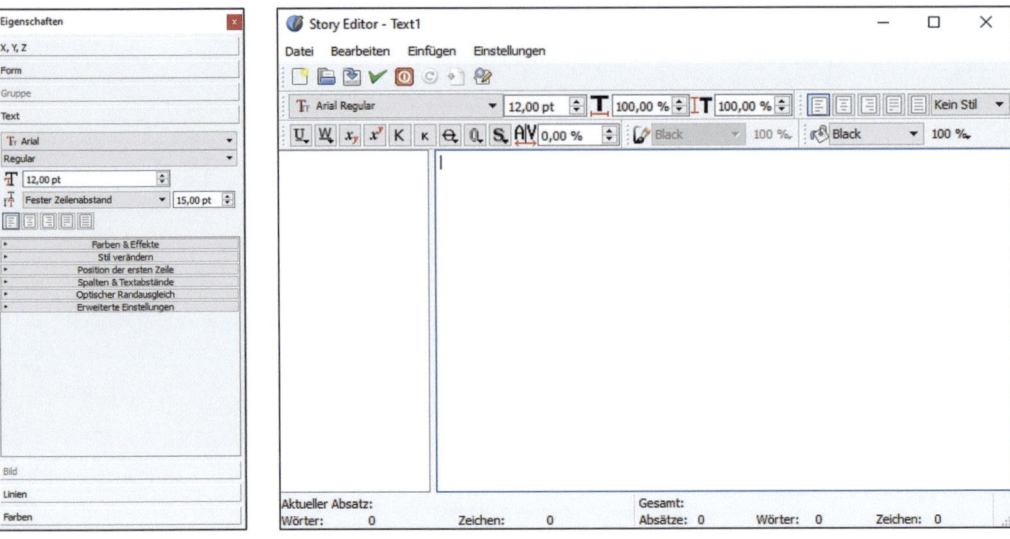

Abb. 5.10 Textfelder einfügen und mit Text füllen in Scribus

Bild laden (Kurzbefehl: Strg + I) wählen und die entsprechende Datei auswählen. Voraussetzung: Auflösung und Qualität sind ausreichend. Beachten Sie vor dem Einfügen auf jeden Fall die Mindestanforderung an Auflösung bzw. Mindestgröße in Pixeln ▶ Abschn. 4.3.3. Die Größe des eingefügten Bildes können Sie an den Rahmen anpassen oder umgekehrt. Wählen Sie dazu den passenden Punkt im Kontextmenü des Bildrahmens aus.

▪▪ 5. Speichern als PDF

Speichern nicht vergessen

Auch hier gilt das bereits Gesagte zum Thema Zwischenspeichern: Speichern Sie das Poster während der Bearbeitung von Zeit zu Zeit ab. Programmabstürze sind zwar selten, können aber sehr frustrierend sein, wenn mehrere Stunden Arbeit verloren gehen. Folgen Sie einer logischen und aussagekräftigen Struktur zur Dateibenennung.

Poster kann als PDF exportiert werden

Möchten Sie eine druckbare Version des Posters erstellen, exportieren Sie die Datei in das PDF Format. Im Menü *DATEI* wählen Sie unter *Exportieren* den Punkt *Als PDF speichern…* Die bereits vorhandenen Einstellungen können zum großen Teil übernommen werden. Legen Sie unter *Ausgabe in Datei* den Pfad und den Dateinamen fest und ändern Sie die Auflösung unter *Auflösung für EPS-Dateien* auf 330 dpi.

Hinweis: Zu gering aufgelöste Bilder werden Ihnen als Fehlermeldung angezeigt. Diese können zwar ignoriert werden, führen aber im Druck eventuell zu geringer Qualität der

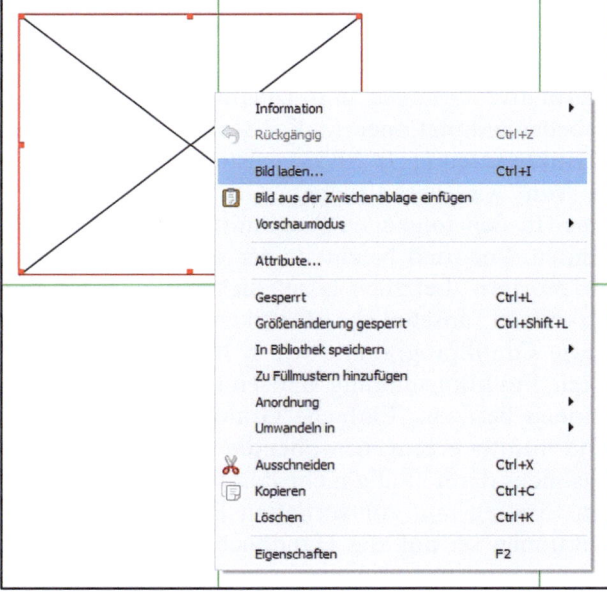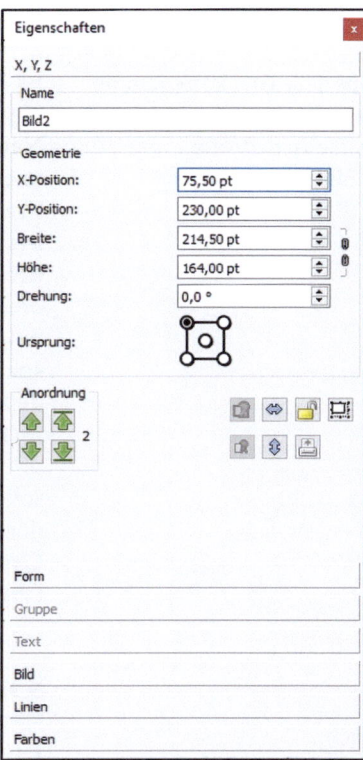

Abb. 5.11 Abbildungen einfügen in Scribus

Abbildungen. Prüfen Sie, ob die Abbildungen mit höherer Auflösung verfügbar sind und fügen Sie diese an der entsprechenden Stelle neu ein.

Auch hier noch einmal der Hinweis auf ein paar Hintergrundinformationen zum PDF-Format in ▶ Abschn. 6.2. Druckvorlage erstellen – PDF in a nutshell.

Scribus: Das Wichtigste in Kürze

- Scribus ist kostenlos und für viele Betriebssysteme erhältlich
- Als rahmenorientiertes Programm des Desktop Publishings unterscheidet es sich von Powerpoint o. ä. Programmen teilweise erheblich
- Es ist hervorragend geeignet, um korrekte, druckbare Dokumente zu erstellen
- Eine Vielzahl von (kostenlosen) Tutorials helfen bei der (vertieften) Einarbeitung

5.3 Verständliche Grafiken und Diagramme

Spezielle Grafikprogramme erzeugen aussagekräftige wissenschaftliche Abbildungen

Es gibt eine Reihe von Möglichkeiten bzw. Programme, um klare, informative Grafiken und Diagramme zu erzeugen. Neben Tabellenkalkulationen (z. B. Excel) und den verbreiteten Statistikpaketen (z. B. SPSS) existieren einige auf das Erzeugen von wissenschaftlichen Grafiken spezialisierte Programme. In den folgenden Abschnitten werden wir die Möglichkeiten, Vor- und Nachteile der verschiedenen Optionen kurz erörtern. Letztlich lassen sich mit allen genannten Programmen ansehnliche Grafiken erzeugen, wobei spezialisierte Grafikprogramme wie z. B. Graphpad Prism den größten Funktionsumfang und einige nützliche Komfortfunktionen besitzen. Einfache Grafiken lassen sich oft schnell und intuitiv erzeugen, wobei die Anpassung des Erscheinungsbildes dann häufig mehr Zeit und Aufwand erfordert. Zum Einstieg und zur vertieften Einarbeitung in die Grafikfunktionen sei auf die Handbücher der Programme bzw. spezielle Literatur verwiesen.

5.3.1 Grafiken aus Tabellenkalkulationen

Excel und artverwandte Tabellenkalkulationsprogramme (z. B. LibreOffice oder OpenOffice Calc) bieten eine Vielzahl von Grafikoptionen und einige Spielereien (Schattierungen, 3D-Grafiken, Farbverläufe, u. ä.). Diese Spielereien sind für die Posterpräsentation eher ungeeignet und sollten deshalb möglichst gemieden werden.

Einfache Grafiken lassen sich mit Excel erzeugen

Mit den Grundfunktionen lassen jedoch durchaus brauchbare Grafiken (in Excel „Diagramme" genannt) erzeugen. Wie Powerpoint ist eine Tabellenkalkulation in der Regel auf nahezu jedem Rechner bereits vorhanden und kann daher ohne Mehrkosten und längere Einarbeitungszeit zur Herstellung von Graphiken bzw. Diagrammen verwendet werden. Dabei sind ein paar Besonderheiten zu beachten:

- Daten müssen in der Regel von Hand übertragen werden. Mittelwerte, Standardabweichungen, usw. können zwar berechnet werden – Graphiken werden jedoch nicht aus diesen Rohdaten erzeugt (Ausnahme Streuungsdiagramme, s. u.)
- Bei Säulen-, Balken-, und Liniendiagrammen können Fehlerindikatoren (Error bars) erzeugt werden. Diese müssen jedoch von Hand übertragen werden oder müssen aus den Rohdaten mittels einer entsprechenden Formel berechnet werden.

- Streuungsdiagramme müssen zwingend aus den Rohdaten erzeugt werden. Auch das ist möglich in Excel und co.
- Diagramme lassen sich per Copy & Paste in Powerpoint einfügen und dort auch bzgl. der Daten bzw. Formatierungen (z. B. Beschriftungen, Farben, Achsenbeschriftungen, etc.) bearbeiten. Dies ist vermutlich der einzige, wesentliche Vorteil für die Erstellung von Diagrammen mit Excel oder einer anderen Tabellenkalkulation.

5.3.2 Grafiken aus Statistikprogrammen

Das wohl zumindest in den Sozial- und Verhaltenswissenschaften am weitesten verbreitete Statistikprogramm ist nach wie vor SPSS. Seit den letzten Aktualisierungen bietet auch SPSS vermehrt Funktionen, um verschiedenartige Grafiken zu erzeugen.

Der große Vorteil bei der Nutzung von SPSS besteht darin, dass kein weiteres Programm angeschafft und benutzt werden muss und die Daten nicht von SPSS in ein Grafikprogramm übertragen werden müssen. Es kann mit den Rohdaten gearbeitet werden (z. B. für Streuungsdiagramme oder Boxplots) und es werden alle gängigen Grafikarten mit aggregierten Daten (z. B. Mittelwerte) erzeugt, ohne dass dafür gesonderte Berechnungsschritte nötig sind.

> Mit Statistikprogrammen können Grafiken aus Rohdaten erstellt werden

Grundsätzlich lassen sich alle erzeugten Grafiken replizieren, indem die entsprechende Syntax gespeichert und erneut aufgerufen werden kann. Serien von Grafiken aus verschiedenen Datensätzen lassen sich dadurch schnell erzeugen.

Der Nachteil von SPSS gegenüber spezialisierten Programmen (z. B. Graphpad Prism ▸ Abschn. 5.3.3) besteht darin, dass die Anpassung einzelner Elemente der Grafiken an eigene Vorstellungen (Schriften, Farben, etc.) teilweise mühsam und zeitraubend ist. Ist aber eine Vorlage nach den eigenen Vorstellungen einmal erstellt, kann inzwischen das Aussehen mit sog. „Chart templates" (XML Code) recht komfortabel repliziert werden.

Ein weiterer Nachteil von SPSS ist der mühsame Export von Grafiken in ausreichender Qualität. Grafiken lassen sich per Copy & Paste übertragen, was jedoch zu qualitativ eher dürftigen Ergebnissen führt. In SPSS lassen sich Graphiken zwar in alle gängigen Formate exportieren (.jpg, .tif, etc.), hier fehlen aber Optionen zur Kompression und zur Auflösung. Die einzigen Formate, mit welchen man druckreife Ergebnisse erzielt, sind Exporte in EPS (Encapsulated Postscript) oder PDF (Portable Data Format). Der Import und das Einfügen dieser beiden Formate auf ein Poster in Powerpoint oder einem anderen Layout-Programm sind jedoch umständlich und führen nicht immer zum erwünschten Ergebnis.

> **Grafiken mit R**
> R ist eine Programmiersprache und kostenlose Open-Source Softwareumgebung für statistische Auswertungen und stellt eine mächtige Alternative zu kommerziellen Produkten wie z. B. SPSS dar. R kann über die Website ▶ http://www.r-project.org/bezogen werden. R bietet den Vorteil einer Vielzahl von Funktionen, mit denen sich auch komplexe statistische Probleme lösen lassen. Mit R lassen sich aber auch Grafiken erzeugen, die qualitativ hochwertig und durch die Verwendung der R-Syntax replizierbar sind und sich beliebig kombinieren und erweitern lassen. Der Nachteil besteht in der notwendigen Einarbeitungszeit in R und in die verwendeten Pakete zur Erstellung von Grafiken. Es finden sich im Internet eine Vielzahl von Anleitungen und Tutorials zur Erstellung von verschiedensten Grafiken mit unterschiedlichen R-Paketen. Das wohl bekannteste Paket ist ggplot2, welches alle gängigen Grafiktypen für die statistische Auswertung beherrscht.
>
> **Weiterführende Links:**
> - „Einführung in R" (Dudel und Jeworutzki 2011)
>   ▶ http://www.stat.ruhr-uni-bochum.de/teaching/vis/dkmr.pdf
> - „Visualisierung statistischer Daten mit R" (Jeworutzki 2010)
>   ▶ http://www.stat.ruhr-uni-bochum.de/teaching/vis/visu.pdf
> - „Top 50 ggplot2 visualizations" (Prabhakaran 2016)
>   ▶ http://r-statistics.co/Top50-Ggplot2-Visualizations-MasterList-R-Code.html
>
> **Weiterführende Buchtipps:**
> - Discovering statistics with R (Field und Miles 2012)
> - R for Data Science (Wickham und Grolemund 2017)
> - R Graphics Cookbook: Practical Recipes for Visualizing Data (Chang 2012)
> - ggplot2: elegant graphics for data analysis (Wickham 2009)

5.3.3 Grafiken mit speziellen Grafikprogrammen

Grafiken erzeugt man am komfortabelsten mit spezialisierten Grafikprogrammen – zumindest wenn man keine Programmierkenntnis in R besitzt bzw. sich diese nicht aneignen will oder kann.

Es existieren einige Programme, darunter Graphpad Prism (kurz: Prism) und Sigmaplot. Diese Programme besitzen eine grafische Oberfläche und einen Dateneditor, so dass sie ähnlich bedient werden wie SPSS oder andere Statistikpakete. Die Besonderheiten, Möglichkeiten und Nachteile betrachten wir etwas detaillierter am Beispiel von Prism. Der größte Nachteil vorweg: Spezialisierte Programme wie z. B. Prism sind kostenpflichtig. Die teilweise erheblichen jährlichen Kosten lassen sich deutlich reduzieren, wenn man berechtigt ist, eine Studierendenlizenz zu nutzen.

Spezielle Grafikprogramme bieten die meisten Optionen

Prism bietet eine Vielzahl von Standardgrafiken, welche aus importierten Daten generiert werden können. Es lassen sich beliebig viele Datenmatrizen anlegen, aus denen dann eine oder mehrere Grafiken erzeugt werden können. Prism kann Grafiken sowohl aus aggregierten Daten (z. B. Mittelwerte und Standardabweichungen) als auch aus Rohdaten (einzelne Werte, Beobachtungen,…) erzeugen. Es sind darüber hinaus gruppierte Grafiken (z. B. Balkendiagramme mehrerer Gruppen bzw. Versuchsbedingungen) möglich. Neben den umfangreichen Grafikfunktionen bietet Prism einige (einfache) inferenzstatistische Verfahren an, sodass man sich teilweise den Einsatz eines gesonderten Statistikprogramms sparen kann. Daten zum Erzeugen der Grafiken werden entweder per Copy & Paste als Rohdaten oder in Form von aggregierten Daten (z. B. Mittelwerte, Standardabweichungen, oder Konfidenzintervalle) in eine Datentabelle eingesetzt.

Grafikprogramme erzeugen alle gängigen Diagrammtypen

Der größte Vorteil von Prism sind die umfangreichen Funktionen zum Editieren erstellter Grafiken und der intelligenten Template-Funktionen: Nahezu alle Merkmale bzw. Formatierungen einer Grafik können auf eine andere Grafik übertragen werden, sodass identische Formatierungen einfach erzeugt werden können. Prism bietet die Möglichkeit extern erzeugte Grafiken, Abbildungen, Fotos einzufügen. Zudem können einzelne Grafiken zu sog. Layouts zusammengefügt und als Ganzes exportiert werden. Dies ist besonders hilfreich, wenn man eine Abbildung mit mehreren Feldern („Panels") erzeugen will. Dabei arbeitet Prism mit einem Baum von hierarchischen Querverweisen, sodass Änderungen auf der untersten Ebene (einer einzelnen Gra-

Grafikprogramme erleichtern das Editieren

fik) oder an den Daten auf den darüber liegenden Ebenen (z. B.: Layouts) zum Tragen kommen und keine weitere Bearbeitung mehr nötig ist.

Grafiken lassen sich in alle gängigen Formate in hoher Qualität exportieren

Schließlich bietet Prism den Export der fertigen Grafiken in alle gängigen Grafikformate an (.tif, .jpg, .eps, …). Ein großer Vorteil ist die Möglichkeit, Auflösung und Größe der Abbildungen frei wählen zu können, sodass eine Skalierung der Schriften, Linien, Texturen bereits vor dem Export geschieht und keine Qualitätsverluste (Verpixelung) durch ein nachträgliches Hochskalieren der erzeugten Grafiken zu befürchten sind.

> **Graphpad Prism und co.: Das Wichtigste in Kürze**
>
> — Spezialisierte Programme (z. B. Graphpad Prism) zur Erzeugung wissenschaftlicher Abbildungen und Diagramme sind in der Regel kostenpflichtig
> — Graphpad Prism bietet alle gängigen Grafiken an
> — Editieren und Formatieren ist besonders einfach; Formatierungen lassen sich komfortabel übertragen bzw. über mehrere Grafiken standardisieren
> — Erzeugte Diagramme/Grafiken lassen sich in alle gängigen Grafikformate exportieren

5.4 Zeichnen und Malen mit Vektoren

Vektorgrafiken vs. Rastergrafiken

Adobe Illustrator, Affinity Designer und Inkscape bilden die Gruppe der vektorbasierten Grafikprogramme, wobei Inkscape Open Source ist und damit zwar über einen geringeren Funktionsumfang verfügt, dafür aber kostenlos ist. Mit diesen Programmen lassen sich grafische Elemente wie Logos, Icons, Illustrationen und Diagramme auf Basis von sog. Bezier-Kurven erstellen und in verschiedenen Formaten abspeichern. Insbesondere zur Konstruktion von Grafiken und Abbildungen, die aus einfachen geometrischen Formen zusammengesetzt werden können, eignen sich Vektorgrafiken. Die Bildinformationen sind also nicht wie bei sog. Rastergrafiken in Form von Pixeln („Bitmaps") enthalten, sondern durch Beschreibung einzelner Bildelemente bzw. ihrer geometrischen Grundelemente. Nicht geeignet sind sie für Fotos und gescannte Bilder.

Vektorgrafiken lassen sich verlustfrei vergrößern

Ein wesentlicher Vorteil von Vektorgrafiken ist, dass sie im Gegensatz zu Rastergrafiken (z. B. Bitmaps) verlustfrei vergrößert werden können. Auch ist die Dateigröße einfacher Vektorgrafiken oft erheblich geringer als bei Verwendung eines Rastergrafikformats (.bmp, .jpg, .tif).

Eine interessante Funktion in Inkscape ist die Möglichkeit, vorhandene Bitmap-Grafiken (.bmp, .jpg, .tif) zu vektorisieren (Funktion: „Bitmap nachzeichnen"). Damit kann unter Angabe verschiedener Parameter z. B. zur Erkennung von Kanten und der Abtastung von Farben eine Rastergrafik in eine Vektorgrafik umgewandelt werden. Die resultierende Grafik ist dann beliebig skalierbar und kann z. B. als Scalable Vector Graphic (.svg) abgespeichert werden. Das SVG-Format basiert auf XML und wurde ursprünglich für die Verwendung von Grafik auf Webseiten entwickelt.

Vektorisieren von Rastergrafiken

> **Weiterführende Links zu Inkscape**
> − Download und Dokumentation: ▶ https://inkscape.org/; Auf dieser Seite finden sich auch einige Tutorials, Video-Tutorials und weitere nützliche Tools.
> − Sammlung von Tutorials: ▶ https://inkscapetutorials.wordpress.com/
> − Weitere Sammlung von Tutorials: ▶ http://goinkscape.com/

> **Zeichnen am Computer: Mit Grafiktabletts geht es manchmal leichter…**
>
> Wer schon einmal versucht hat, mit der Maus am Computer eine Freihandzeichnung oder auch nur eine handschriftliche Notiz zu erstellen, wird festgestellt haben, dass dies beinahe unmöglich ist. Aus diesem Grund gibt es schon seit Langem sog. Grafiktabletts (Tablets, Digitizer, Pen Tablets, …). Einfache Versionen bestehen aus einer Sensorfläche auf der mit einem digitalen Stift (Stylus) „wie auf Papier" gezeichnet oder geschrieben werden kann. Am Bildschirm kann direkt die digitalisierte Zeichnung betrachtet und bearbeitet werden. Weiterentwickelte Versionen integrieren Sensorfläche und Display, so dass direkt auf dem auf dem Tisch liegenden Bildschirm gezeichnet werden kann. Bis vor Kurzem waren diese meist recht teuren Geräte dem professionellen Einsatz vorbehalten. Es gibt jedoch inzwischen erschwingliche Alternativen: Tablet-PCs zahlreicher Hersteller können inzwischen mittels eines speziellen Stifts bedient werden und bieten die Möglichkeit einfache Freihandzeichnungen, Skizzen oder handschriftliche Notizen anzufertigen und zu exportieren.

> **Inkscape und co.: Das Wichtigste in Kürze**
>
> - Geeignet, um Grafiken und Zeichnungen zu erstellen, die verlustfrei vergrößert werden können
> - Vektorgrafiken eignen sich nicht für Fotos oder gescannte Bilder
> - Rastergrafiken (Bitmaps) lassen vektorisieren

5.5 Der perfekte Umgang mit Bildern

Photoshop hat einen riesigen Funktionsumfang zur Bearbeitung von Bildern

Adobe Photoshop ist eines der bekanntesten Software-Produkte aus dem Haus Adobe. Mit über 20 Jahren Laufzeit ist es mit Abstand der Marktführer unter den Bildbearbeitungsprogrammen – und da liegt auch schon der „Nachteil": Es ist extrem komplex und kann von Bildretusche über komplexe Bildkompositionen bis zur Erstellung komplexer Website-Oberflächen alles. Damit ist es zweifellos ein vielseitiges Werkzeug, setzt aber in vielen Funktionen umfangreiche Kenntnisse in Foto/Kameratechnik, Drucktechnik und Gestaltung voraus. Zudem gehört es zu den teureren Programmen aus unserer Auswahl. Wer Zeit, Geld und Freude mitbringt, wird fast jede erdenkliche Bildbearbeitung mit Adobe Photoshop realisieren können.

Einfache, kostenlose Alternativen zu Photoshop enthalten die wichtigsten Grundfunktionen

Falls Sie aber unter Zeitdruck schnell noch ein Photo auf das richtige Format bringen möchten, empfiehlt sich eine einfachere bzw. kostengünstigere Photo Editing Software wie z. B. Fotor oder Gimp. Mit Fotor beispielsweise können Sie Probleme wie „Rote Augen" und andere Fehler vollständig beseitigen und die Qualität Ihrer Bilder deutlich erhöhen. Zu den Standardfunktionen gehören Ändern der Bildgröße, der Auflösung, Beschneiden und Rotieren. Daneben können Helligkeitskurven, Farben, Farbtöne korrigiert und Kontrast, Helligkeit, Schärfe, Farbsättigung angepasst werden. Schließlich bieten beide Programme eine Vielzahl von sog. Filtern, die mehr oder weniger sinnvolle Korrekturen und Bildeffekte wie z. B. Kantenglättung, Reduktion von Bildrauschen und Weichzeichnung erzeugen können.

Gimp als Alternative zu Photoshop

Gimp ist eine kostenlose Open Source Alternative zu Photoshop, wenn es auch vom Funktionsumfang und der Benutzerfreundlichkeit nicht ganz an Photoshop heranreicht. Ein Vorteil ist, dass Gimp für Linux erhältlich ist und eine große Auswahl von kostenlosen Filtern und Plugins verfügbar ist. Gimp wird als Open Source Projekt von einer großen Community gepflegt und dokumentiert.

5.5 · Der perfekte Umgang mit Bildern

> **Weiterführende Links und Tipps zu Fotor und Gimp**
> - Download und Dokumentation von Fotor: ▶ https://www.fotor.com/de/
> - Download und Dokumentation von Gimp: ▶ https://www.gimp.org/
> - Buchtipp zum Einstieg in GIMP: GIMP 2.10: Praxiswissen für Einsteiger (Seimert 2018)
> - Tutorials zu Gimp: ▶ https://www.gimp-tutorials.de/

Die genannten Programme unterstützen fast alle Bildformate und öffnen sogar RAW-Dateien der meisten Digitalkameras. Damit können Fotos direkt und ohne Konvertierung geladen und bearbeiten werden, um sie für den Druck auf einem Poster anzupassen.

> **Eine schlanke Alternative: IrfanView (für Windows)**
>
> Irfan View (▶ https://www.irfanview.net/) ist eigentlich ein Bildbetrachter (für Windows), der zusätzlich eine Reihe von Bearbeitungsfunktionen besitzt. Viele dieser Funktionen finden sich auch in Gimp und Photoshop, IrfanView ist aber deutlich schlanker. Es sind die wichtigsten Funktionen wie Ändern der Größe, Auflösung, Farbschema, Farben, Kontrast, Helligkeit, Sättigung, Farbtiefe, Schärfe, und viele mehr enthalten. Im Normalfall sollten dieses Funktionen ausreichen, um Abbildungen und Fotos für den Posterdruck zu optimieren.

> **Gimp und co.: Das Wichtigste in Kürze**
>
> - Bildbearbeitungsprogramme (Photoshop, Gimp, usw.) dienen der Formatierung und Bearbeitung von Fotos, Abbildungen, u. ä.
> - Standardfunktionen wie Größe Anpassen, Beschneiden, Rotieren haben alle
> - Helligkeitskurven, Farben, Kontrast, Schärfe, Farbsättigung, usw. können komfortabel angepasst werden
> - Gimp ist eine kostenlose, Open Source Alternative zu Photoshop mit einem großen Funktionsumfang
> - Zahlreiche (kostenlose) Bildbearbeitungsfilter lassen keinen Bildbearbeitungswunsch und keine Spielerei offen

Literatur

Chang W (2012) R graphics cookbook: practical recipes for visualizing data. O'Reilly Media, Inc, Sebastopol

Dudel C, Jeworutzki S (2011) Einführung in R. ▶ http://www.stat.ruhr-uni-bochum.de/teaching/vis/dkmr.pdf

Field A, Miles J (2012) Discovering statistics using R. Sage, Thousand Oaks

Jeworutzki S (2010) Visualisierung statistischer Daten mit R. ▶ http://www.stat.ruhr-uni-bochum.de/teaching/vis/visu.pdf

Prabhakaran S (2016) Top 50 ggplot2 visualizations – the master list (with full R code). ▶ http://r-statistics.co/Top50-Ggplot2-Visualizations-MasterList-R-Code.html. Zugegriffen: 12. März 2019

Seimert W (2018) GIMP 2.10: Praxiswissen für Einsteiger, 1. Aufl. mitp, Frechen

Wickham H (2009) ggplot2: elegant graphics for data analysis (Use R!). Springer, New York

Wickham H, Grolemund G (2017) R for Data Science. O'Reilly UK Ltd, Sebastopol

Druck

Inhaltsverzeichnis

6.1 Vorbereitung – 94
6.1.1 Vorab Peer-Review – 94
6.1.2 Sprachkorrektur – 94
6.1.3 Letzter Check – 95

6.2 Druckvorlage erstellen – PDF in a nutshell – 97

6.3 Reinzeichnung und Druck – 99

6.4 Papierarten – 101
6.4.1 Papiergewicht – 102
6.4.2 Papieroberfläche – 102
6.4.3 Veredelung – 103

© Springer-Verlag GmbH Deutschland, ein Teil von Springer Nature 2020
G. Domes und R. Christe, *Wissenschaftliche Poster gestalten und präsentieren*,
https://doi.org/10.1007/978-3-662-61496-9_6

Wissenschaftliche Poster werden im Gegensatz zu Werbeplakaten oder kommerziellen Postern in Kleinstserie gedruckt – oftmals existiert nur ein einziges Exemplar. Der Druck erfolgt auf speziellen Posterdruckern, entweder im Rechenzentrum Ihrer Institution oder in einem gut ausgestatteten Copyshop bzw. einer Druckerei. Inzwischen kann man – wie so ziemlich alles – Poster auch über das Internet bestellen.

Bevor jedoch die fertige Druckdatei auf dem Papier landet, sollte man sich noch etwas Zeit nehmen für eine letzte Kontrolle und die korrekte Umwandlung der Datei in das häufig verwendete PDF (Portable Document Format). Schließlich steht man vor der Wahl, auf welchem Material gedruckt werden soll, neben verschiedenen Papieren gibt es auch die Möglichkeit auf Stoff zu drucken.

6.1 Vorbereitung

6.1.1 Vorab Peer-Review

Ein „peer-review" kann helfen sich kritisch mit dem eigenen Poster auseinanderzusetzen

Nutzen Sie die Gelegenheit zu einem „vorab Peer-Review", indem Sie Kolleginnen und Kollegen zu kritischen Rückmeldungen zu Ihrem Poster auffordern. Eine sehr gute Möglichkeit ist, das fertig gestaltete Poster auszudrucken (eventuell auf weniger hochwertigem Papier aber in der endgültigen Größe) und es an einer stark frequentierten Stelle in der Abteilung anzubringen. Bitten Sie Ihre Kolleginnen und Kollegen anhand von Notizen (z. B. mit Post-its) oder anhand eines Bewertungsbogens Ihr Poster zu kommentieren und Vorschläge für Verbesserungen anzubringen. Geben Sie den Kolleginnen und Kollegen zwei bis drei Wochen Zeit, Ihr Poster zu begutachten.

Strukturierte Rückmeldungen können freie Rückmeldungen ergänzen

Sie können sich dazu auch ergänzend an einem Bewertungsschema orientieren, wie es in ähnlicher Form auch bei der Bewertung von Postern im Rahmen von Posterpreisen eingesetzt wird. Die Box „Übliche Bewertungskriterien für Poster" gibt eine Übersicht über mögliche Bewertungskriterien. Nutzen Sie die Rückmeldung zur Überarbeitung Ihres Posters. Konstruktive Kritik schadet nie.

6.1.2 Sprachkorrektur

Ist das Poster erst einmal gedruckt, sind Fehler ärgerlich. Nehmen Sie sich genug Zeit, um das Poster vor dem Druck zu korrigieren. Nehmen Sie sich die Zeit, Ihr Poster gründlich auf Rechtschreibung, Zeichensetzung und Grammatik zu prüfen. Erste Hinweise gibt die automatische Prüfung, die in vielen Softwarepaketen bereits enthalten ist.

In vielen Fällen sollen Poster einem internationalen Publikum präsentiert werden und sind daher in Englisch verfasst. Eine Sprachprüfung („proofreading") durch eine muttersprachliche Kollegin oder einen Kollegen hilft, grobe Schnitzer zu finden, oder dem Poster den letzten sprachlichen Feinschliff zu geben. Nutzen Sie diesen „Service unter Kollegen" wenn möglich.

Eine Sprachkorrektur ist bei fremdsprachlichen Postern immer sinnvoll

6.1.3 Letzter Check

Sind „peer-review" und Sprachkorrektur absolviert, lohnt sich ein letzter Check, ob alle wesentlichen Punkte bei Entwurf und Gestaltung berücksichtigt wurden. Anhand einer Checklist kann man Punkt für Punkt prüfen und das Poster für den Druck fertigstellen (◘ Abb. 6.1). Für einen Gesamteindruck empfiehlt sich der Ausdruck auf DIN A4 oder A3. So können sie zeitaufwändige Fehldrucke vermeiden.

Bevor es in den Druck geht lohnt sich die „Endabnahme" per Checkliste

---

Übliche Bewertungskriterien für Poster

Auf einer Skala von 1 (unzureichend) bis 9 (ausgezeichnet)…

Inhalt
— Sind Fragestellung bzw. die Hypothesen stringent und nachvollziehbar hergeleitet?
— Folgt die Darstellung einer logischen Abfolge von der Einleitung bis zu den Schlussfolgerungen?
— Unterstützen die Ergebnisse die Schlussfolgerungen?

Poster Gestaltung
— Ist das Poster ausgewogen hinsichtlich Farbe, Aufteilung, Struktur?
— Sind Text und Abbildungen aus einer angemessenen Distanz gut lesbar/erkennbar?

Präsentation
— Hat der/die Präsentierende das Poster erklärt und Fragen beantwortet?
— Sprach der/die Präsentierende klar und deutlich?
— Zeigte der/die Präsentierende Begeisterung für sein/ihr Thema?

Originalität/Bedeutung
— Hat das Projekt/haben die Ergebnisse das Potenzial einen bedeutsamen Beitrag zum Forschungsfeld zu leisten?
— Kann der/die Präsentierende die Ergebnisse in sein/ihr Forschungsfeld einordnen und bewerten?

Checkliste

Header (Titel, Autoren, Institutionen)
- ☐ Titel kurz und aussagekräftig. Entweder kurze Beschreibung des Hauptergebnisses oder kurze Frage
- ☐ Alle Autoren vollständig und Namen korrekt geschrieben
- ☐ Beteiligte Institutionen vollständig und korrekt/ Affiliationen vollständig zugeordnet
- ☐ Logo(s) sofern vorhanden platziert

Inhalt
- ☐ Einleitung kurz und auf die Fragestellung hinführend
- ☐ Fragestellung/ Hypothesen genannt und begründet
- ☐ Methoden zum Verständnis ausreichend
- ☐ Ergebnisse beschrieben und ggf. mit Daten belegt
- ☐ Diskussion bzw. Bewertung der Ergebnisse im Hinblick auf die Fragestellung bzw. Hypothesen vorhanden
- ☐ Ggf. Limitationen, methodische Kritik genannt
- ☐ Schlussfolgerungen/ Ausblick kurz skizziert

Text
- ☐ Text kurz und aussagekräftig; Formulierungen einfach und klar
- ☐ Aufzählungen sinnvoll eingesetzt
- ☐ Textelemente/ Schriften ausreichend groß
- ☐ Poster aus bis zu 3 Metern gut lesbar
- ☐ Textblöcke einheitlich formatiert (Zeilenabstände, Absätze)
- ☐ Fonts gut lesbar; wenige verschiedene Fonts
- ☐ Hervorhebungen bewusst und sparsam eingesetzt
- ☐ Überschriften einheitlich formatiert und ggf. korrekt nummeriert

Gestaltung/Struktur
- ☐ Vorhandenes Corporate Design umgesetzt
- ☐ Farbkonzept erkennbar und eingehalten
- ☐ Alle wichtigen Sektionen enthalten
- ☐ Ausreichend weiße Fläche bzw. Abstände zwischen den einzelnen Elementen
- ☐ Flächenverteilung Text : Abbildungen ca. 50 :50
- ☐ Struktur/ Raster eingehalten (3 oder 4 Spalten)
- ☐ Sektionen klar getrennt erkennbar (Farben)
- ☐ Lesefluss klar erkennbar; Hilfsmittel (Nummerierung, Verbindungen eingesetzt zur Führung des Betrachters)

Grafiken/ Abbildungen/ Tabellen
- ☐ Grafiken in das Farbkonzept des Posters eingebunden
- ☐ Diagramme zur Darstellung deskriptiver Statistiken passend
- ☐ Beschriftung und Referenz durchgängig vorhanden
- ☐ Größe ausreichend
- ☐ Auflösung und Qualität von Abbildungen ausreichend
- ☐ Tabellen zum Farbkonzept des Posters passend
- ☐ Tabellen sparsam mit wenigen Zeilen und Spalten
- ☐ Wichtige Informationen hervorgehoben

Sonstiges
- ☐ Zusätzliche Elemente (z.B. QR-Codes) getestet und funktionsfähig
- ☐ Eventuelle Literatur/ Referenzen vollständig und korrekt formatiert
- ☐ Acknowledgements/ Anmerkungen vollständig
- ☐ Kontaktinfomation vorhanden und korrekt
- ☐ Zusatzmaterial (z.B. Handouts geplant bzw. vorhanden)

Abb. 6.1 Checkliste – Die letzte Chance, Fehler zu fnden und zu vermeiden

6.2 Druckvorlage erstellen – PDF in a nutshell

Obwohl manchmal der direkte Druck aus der Anwendung mit der das Poster erstellt wurde (z. B. Powerpoint) möglich ist, empfehlen wir dringend die Umwandlung in das Portable Data Format, das heißt in eine PDF-Datei. Dieses Format hat den Vorteil, dass keine versehentlichen Änderungen mehr möglich sind und dass PDF-Dokumente auf nahezu allen Plattformen und Betriebssystemen darstellbar sind, ohne dass es zu Konvertierungsproblemen kommt. Die Weitergabe sog. „offener" Daten, d. h. von proprietären Dateiformaten der Programme Powerpoint (.ppt, .pptx) oder Scribus (.sla), welche Änderungen durch den Empfänger noch ohne Probleme erlauben, kann fehleranfällig sein.

Druckereien übernehmen keine Haftung für die Verarbeitung solcher proprietärer Daten, da sich Schriften oder Formate (vor allem aus Office-Paketen) an die jeweiligen Ausgabesysteme anpassen und das Dokument und das resultierende Druckergebnis ändern bzw. verfälschen können. Ein Umwandeln in Bilddateien (.jpg, .tif,...) ist ebenfalls nicht zu empfehlen, da dies dazu führt, dass das Schwarz in ihrem Dokument (z. B. bei Text) in vierfarbiges Schwarz umgewandelt werden. Diese Umwandlung führt oft zu einem unscharfen Druckbild.

Druckereien bevorzugen PDF Dateien

Das Format PDF stammt von ursprünglich Adobe. Adobe schreibt auf seiner Webpräsenz: „PDF (Portable Document Format) ist ein Dateiformat, das die Präsentation und den Austausch von Dokumenten unabhängig von Original-Software, Hardware oder Betriebssystem ermöglicht." (Quelle: ▶ https://acrobat.adobe.com/de/de/acrobat/about-adobe-pdf.html).

Als Vorläufer von PDF war Post Script dazu gedacht, eine einheitliche Druckersprache zu etablieren, um auf verschiedenen Druckern Dokumente mit dem gleichen Ergebnis drucken zu können. Mit dem PDF wurde der Datenumfang d. h. die Dateigröße um ein Vielfaches reduziert. Dateien konnten unabhängig vom Betriebssystem auf jedem System angezeigt und gedruckt werden.

PDF ist der Nachfolger von Postscript

Mittlerweile ist PDF ein offener ISO Standard, dessen Daten mit dem kostenfreien Programm Acrobat Reader und anderen Readern dargestellt werden können. Als offener ISO-Standard kann es inzwischen auch von vielen Programmen wie Powerpoint oder Scribus direkt erzeugt werden. Das PDF Format beinhaltet alle Informationen, die für den Druck notwendig sind. Dazu gehören: Schrift, Format, Druckerspezifikationen und Informationen über das Programm, mit dem die zu druckende Datei erstellt wurde.

PDF Dateien können in vielen Programmen direkt erzeugt werden

PDF Daten können verschlüsselt werden, mit zusätzlichen Informationen versehen und mit speziellen Programmen (z.B. Acrobat Pro DCl) sogar bearbeitet und korrigiert werden.

> **Alternativen zu Adobe Acrobat Reader**
>
> Es existieren inzwischen eine Reihe von (kostenlosen) Programmen zur Anzeige von PDF Dateien (PDF Viewer) und teilweise zur Bearbeitung:
> - PDF Creator (▶ https://pdfcreator.de.softonic.com/)
> - veraPDF (▶ https://verapdf.org/)
> - PDFill (▶ https://www.pdfill.com/)
> - Foxit Reader (▶ https://www.foxitsoftware.com/de/downloads/)

Ein Dokument, das als PDF abgespeichert wird, sieht auf allen gängigen Betriebssystemen und Gerätearten (PC, Tablet, Smartphone) identisch aus. Das Format PDF/A eignet sich speziell für die Langzeitarchivierung. PDF/X-1a, PDF/X-3 und PDF/X-4 wiederum sind für die Druckvorstufe geeignet.

> **PDF: Für alle, die es genauer wissen wollen…**
> Es gibt verschiedene PDF Formate. Ein Dokument, das als PDF abgespeichert wird, sieht auf allen gängigen Betriebssystemen und Gerätearten (PC, Tablet, Smartphone) identisch aus. Das Format PDF/A eignet sich speziell für die Langzeitarchivierung. PDF/X-1a, PDF/X-3 und PDF/X-4 wiederum sind für die Druckvorstufe geeignet.
> *PDF/A* ist ein Format für die Langzeitarchivierung, das von der International Organization for Standardization (ISO) genormt wurde.
> *PDF/A-1* beschreibt die Verwendung von PDF-Dokumenten für die Langzeitarchivierung elektronischer Dokumente basierend auf der PDF-Version 1.4. Die ISO-Norm ISO 19005-1:2005 legt fest, welche Anforderungen ein PDF-Dokument erfüllen muss, um ein normkonformes PDF/A-Dokument zu sein. *PDF/A-1* unterscheidet zwei unterschiedliche Konformitätsstufen: *PDF/A-1b* für eindeutige visuelle Reproduzierbarkeit und *PDF/A-1a* sowohl für eindeutige visuelle Reproduzierbarkeit als auch für inhaltliche Strukturierung des Dokuments-
> *PDF/E* ist ein spezielles PDF-Format für das Ingenieurwesen (Engineering), das u. a. die Fähigkeit zur interaktiven

3D-Darstellung bietet, um z. B. Konstruktionszeichnungen auch am Computer interaktiv betrachten zu können. PDF/E wurde von der International Organization for Standardization (ISO) als ISO 24517 genormt. Seit Mitte 2010 wird das entsprechende Plugin für Adobe Acrobat von der Firma Tetra4D hergestellt.

PDF/X. Die unter dem Namen PDF/X veröffentlichten ISO-Standards beschreiben, welche Eigenschaften PDF-Dateien erfüllen müssen, um als Druckvorlage verwendet werden zu können. Durch Verwendung von PDF/X können Probleme beim Austausch von PDF-Dateien zwischen DTP-Programmen und der Druckerei verhindert oder reduziert werden. Die Einhaltung der PDF/X-Anforderungen kann mittels des sog. „preflight" überprüft werden. Der Medienstandard Druck, der einen Prozessstandard für den Offsetdruck definiert und festlegt, wie Druckdaten aussehen sollen, empfiehlt PDF/X als Format für die Korrektur von Druckfahnen, sog. „print proofs".

Vorsicht: In anderen Ländern gelten andere Druckspezifikationen, d. h. die Drucker werden dort zum Teil anders kalibriert: Während in Deutschland/Europa mit dem Farbstandard EUROSKALA gearbeitet wird, gilt in den USA der Standard US SWOP und in Japan XXX. Falls Sie also planen, ihr Poster direkt in den USA zu drucken, müssen sie beim Erstellen der PDF Datei das Farbformat auf SWOP umstellen und daran denken, das Dokument nicht im DIN Format anzulegen.

PDF Dateien für den Druck im Ausland müssen angepasst werden

6.3 Reinzeichnung und Druck

So wie Sie Ihr Poster vor dem Druck inhaltlich überprüfen, sollten Sie das Dokument und die Datei auch aufbereiten und für den Druck optimieren. Mit ein paar einfachen Regeln kann man unangenehme Überraschungen vermeiden und zudem eine gute Grundlage für die Weiterverwendung der Daten für weitere Publikationen wie z. B. der Abbildungen für einen wissenschaftlichen Artikel erstellen. Diesen Teil nennt man im Fachjargon „Reinzeichnung" (früher wurden Zeichnungen mit Bleistift „vorgezeichnet", um dann später mit Tusche ins „Reine" übertragen zu werden).

Der gesamte Prozess läuft nach folgenden Schritten ab:
- Gestaltung
- Korrektur
- Reinzeichnung

- Datenversand
- Druck
- Kontrolle des Druckergebnisses
- Weiterverarbeitung (ggf. passend zuschneiden, Laminieren, Verpacken, etc.)

Wenn Sie die Daten selbst für den Druck vorbereiten, sollten Sie folgende Dinge beachten:
- Sprechen Sie im Vorfeld mit der Druckerei/Copyshop und erkundigen Sie sich, welches Format gedruckt werden kann
- Machen Sie während der Gestaltung Ihres Posters immer genügend (verkleinerte) Probedrucke
- Lassen Sie den Ausdruck von einer anderen Person gegenlesen und auf Fehler kontrollieren
- Speichern Sie die Datei wie mit der Druckerei besprochen ab
- Liefern Sie immer einen (verkleinerten) Ausdruck (z. B. auf DIN A4) mit Ihren Daten ab

Zur Wahl der Druckerei oder Copyshops: Sollten Sie das Poster nicht an Ihrem Institut drucken können oder wollen, können Sie bei mehreren Druckereien Vergleichsangebote für den Druck erstellen lassen. Vergleichen lohnt sich auch bei Angeboten von Druckereien aus den Internet. Eventuell verlangt Ihr Geldgeber (bzw. die Verwaltung Ihrer Hochschule) 2–3 Vergleichsangebote. Damit Sie das Angebot überhaupt vergleichen können, sollten Sie eine einheitliche Anfrage versenden, die eventuelle Rückfragen der Druckerei abdeckt.

Auf der Grundlage einer möglichst konkreten Anfrage (Box „Anfrage an eine Druckerei") wird Ihnen die Druckerei oder der Copyshop ein Angebot machen, auf das Sie sich berufen können. Ein weiterer Vorteil: Wenn Sie zu einem späteren Zeitpunkt wieder ein Poster gestalten und drucken wollen, haben Sie sehr schnell passende Vergleichswerte wie Preis, Papierstärke, Umfang, etc. zur Hand.

Wie wird das Poster gedruckt? Gedruckt wird auf speziellen Posterdruckern, die ähnlich einem konventionellen Tintenstrahldrucker im Büro, farbige Tinte mittels Düsen auf das Papier aufbringen. Im Gegensatz zu Bürodruckern sind es bei Posterdruckern mehr als vier verschiedene Tintenfarben (in der Regel sind es 6 Farben, manche Drucker drucken mit bis zu 12 verschiedenen Tintenfarben) und das Papier kommt von der Rolle und muss nachträglich geschnitten werden. Drucke sind normalerweise ohne Probleme bis DIN A0 (oder größer) möglich.

Wissenschaftliche Poster werden auf großen Tintenstrahldruckern gedruckt

Diese Drucker finden sich inzwischen in vielen Instituten oder Rechenzentren der Hochschulen und können teilweise sogar über das Netzwerk direkt vom Arbeitsplatzrechner mit Druckdaten gefüttert werden. Viele Copyshops halten inzwischen auch solche Drucker vor. Hier sind die Drucke jedoch verständlicherweise um einiges teurer, dafür haben Sie bei der Weiterverarbeitung (Laminierung, etc.) oft mehr Auswahl.

Die meisten Hochschulen besitzen Posterdrucker

Anfrage an eine Druckerei/einen Copyshop für den Posterdruck
Sehr geehrter Copyshop Zauberdruck,
Bitte erstellen Sie mir ein Angebot auf Basis folgender Spezifikationen:

Projekt:	Nr. 1354-90 Poster Konferenz Heidelberg Herr Maier
Objekt:	Poster
Umfang:	1 Seiten
Format:	DIN A0
Papier:	Bilderdruck matt 170 g/m^2
Druck:	4/4 farbig Euroskala
Vorlagen:	Daten, A4-Kontrollausdruck
Daten:	PDF-X
Verarbeitung:	Digitaldruck, glatt beschnitten, verpackt,
Auflage:	2 Stück
Liefertermin:	20.07.2021 bis 14 Uhr

Mit freundlichen Grüßen

6.4 Papierarten

Standardmäßig werden zum Druck von Postern Papiere verwendet, die von der Beschaffenheit ähnlich den Papieren sind, die man in üblichen Büro-Laser-oder Tintenstrahldruckern verwendet. Papier ist ein relativ umweltfreundliches Material, das gut zu bedrucken ist und ein gutes Preis-Leistungsverhältnis aufweist. Papiere für den Posterdruck unterscheiden sich vor allem in der Sorte (welche die Farbwiedergabe und die Beschaffenheit beeinflusst), im Gewicht (welches definiert wie dünn oder dick das Papier ist), der Oberfläche (die glänzend oder matt erscheint) und der Ver-

Die Papiereigenschaften beeinflussen die Lesbarkeit des Posters

edelung (z. B. ob das Papier eine Folienbeschichtung aufweist). Es lohnt sich, dass man sich über diese Papiereigenschaften Gedanken macht, da die Wahl des Papiers auch die Lesbarkeit des Posters und die weitere Verwendbarkeit beeinflusst.

6.4.1 Papiergewicht

Das Papiergewicht ist entscheidend für den Verwendungszweck. Papier wird in g/m^2, gerechnet auf DIN A0 angegeben. Die Auswahl reicht von Dünndruckpapier mit 40 g/m^2 (Packungsbeilage für Medikamente) über Kopierpapier mit 80 g/m^2 bis zu 400 g/m^2 für dicke Visitenkarten. Papier besteht nur aus einer Papierfaserart, Karton hingegen meist aus verschiedenen Schichten von Fasern und Materialien (ein Milchkarton besteht aus 7–8 verschiedenen Schichten).

Ein paar Beispiele für die Verwendung verschiedener Papiergewichte:

- 40 g/m^2: Packungsbeilagen, Telefonbuchseiten
- 80 g/m^2: Standard Kopierpapier
- 115 g/m^2: Dünnes Poster
- 135 g/m^2: Normales Poster, Broschüren
- 170–230 g/m^2: Dickes Poster, Flyer
- 250–300 g/m^2: Visitenkarten, Umschlag für Broschüren

> Poster haben ein Papiergewicht zwischen 135 und 230 g/m^2.

Falls Sie das Poster nach der Präsentation noch falten oder versenden wollen, empfiehlt sich ein leichteres Papiergewicht um die 115 g/m^2. Nachteil: das Papier bekommt schnell unschöne Knicke und wellt sich nach dem Aufhängen gerne, vor allem, wenn sich die Luftfeuchtigkeit ändert. Standardmäßig verwenden wir für Poster um 170 g/m^2, diese bieten eine gewisse Steifigkeit, lassen sich gut aufhängen und haben eine wertige Anmutung. Wollen Sie allerdings schwerere Gegenstände daran aufhängen, empfiehlt sich ein Papiergewicht um die 200–230 g/m^2. Dieses schwere Gewicht ist auch dann hilfreich, wenn Sie dasselbe Poster öfter verwenden und oft transportieren. Eine Alternative dazu wäre ein Poster aus Textilmaterial (siehe Box „Poster auf Stoff").

6.4.2 Papieroberfläche

Neben dem Gewicht als Qualitätsfaktor spielt die Oberfläche eine entscheidende Rolle. Es gibt verschiedenste Arten von Papieroberflächen: ungestrichen, matt gestrichen, glänzend und hochglänzend. Gestrichen bedeutet, dass eine weiße Pigmentschicht mit Hilfe von großen Bügeleisen auf das Papier „gestrichen" wird.

Ungestrichenes Papier finden Sie bei Laser-Kopierpapier: es fühlt sich relativ rau an und lässt sich gut mit Bleistift beschriften. Es reflektiert nicht bei Lichteinfall und eignet sich daher besonders zum ermüdungsfreien Lesen längerer Texte. Es findet daher vor allem Verwendung in Büro-Laserdruckern und Laserkopiersystemen mit Trockentoner, bei dem die Farbe (Toner) mit Hitze gewissermaßen auf das Papier „gebügelt" wird.

> Ungestrichenes Papier ist das Standard Büropapier

Matt gestrichenes Papier fühlt sich glatt an, hat eine matte Oberfläche und reflektiert nur wenig bei Lichteinfall. Durch die glatte Oberfläche bildet es Farbabbildungen präzise ab und lässt dennoch eine größtmögliche Lesbarkeit von Texten zu. Die matte Oberfläche verhindert störende Reflektionen. Spezielle Tintenstrahldrucker-Papiere (Inkjet Papier), die eine höhere Saugfähigkeit aufweisen, gewährleisten eine schnelle Trocknung und einen geringeren Verlauf der einzelnen Farben.

> Matt gestrichenes Papier ist glatter und liefert brillantere Farben bei guter Lesbarkeit

Glänzend gestrichenes Papier ähnelt dem Fotopapier, das sie von ihrem Tintenstrahldrucker kennen. Das Papier fühlt sich glatt an, lässt sich mit Bleistift nur schwer beschreiben und reflektiert Lichteinfälle relativ stark. Es eignet sich hervorragend für große Farbflächen, fotografische Abbildungen und farbintensive Abbildungen. Die Plakate wirken extrem hochwertig, jedoch sind kleinere Schriften und längere Texte durch auftretende Lichtreflexionen schlechter lesbar.

> Glänzend gestrichenes Papier ähnelt Fotopapier und ist besonders farbintensiv

Meist wird Ihnen die Druckerei ein für Tintenstrahldrucker geeignetes Papier vorschlagen, entweder in glänzend oder matt. Unsere Empfehlung: Wählen Sie ein matt gestrichenes Papier mit einem Gewicht von 170 g/m^2 bis 250 g/m^2. Diese stellen einen guten Kompromiss aus Abbildungsqualität und Lesbarkeit dar. Das Poster hat eine gewisse Steifigkeit, ist wertig und lässt sich ohne Qualitätseinbuße auch mehrfach verwenden.

6.4.3 Veredelung

Zusätzliche Verarbeitungsschritte nach dem Druck nennt man Veredelung. Viele professionelle Druckereien bieten diese Produkte an, die Druckereien vieler Hochschulen sind für solche „Spielereien" nicht ausgerüstet. Zu den Veredelungen, die für den Posterdruck sinnvoll sein können, zählen Folienkaschierungen (Bekleben mit einer Schutzfolie), Lackierungen, Laser-Cut, und partieller oder vollflächiger Glanzlack.

Falls Sie das Poster mit Boardmarkern (auch abwischbar) beschriften wollen, empfiehlt sich eine Folienkaschierung. Diese Folie wird nach dem Druck fest aufgeklebt und schützt ihr Poster auch vor Kratzern, Knicken und Abrieb. Bei beidseitiger Beschichtung erzielt man sogar eine gewisse Wasserfestigkeit.

Per Laser-Cut schneidet man definierte Flächen mithilfe eines Lasers aus dem Papier. Bei sehr dünnen Papieren kann sich ein brauner, verbrannter Rand bilden. Partieller Glanzlack bietet die Möglichkeit, Flächen nachträglich mit einem glänzenden Lack zu versehen, damit können Sie die Vorteile eines matten Papiers mit dem hochwertigen Glanz eines Fotos kombinieren. Vollflächiger Lack schützt ihr Poster gegen Abrieb und etwas gegen UV-Strahlung. Sind die Poster lange hoher UV-Strahlung ausgesetzt, vermeiden hochwertige Tinten und spezielle Schutzfolien das Ausbleichen z. B. bei Sonnenbestrahlung. Es gibt also eine Vielzahl von Veredelungsmöglichkeiten, allerdings sind manche Effekte aufwendig und damit auch recht teuer.

> **Poster auf Stoff**
> Technisch gesehen ist es heute möglich, fast alle Oberflächen in hoher Qualität zu bedrucken: Holz, Metall, Kunststoff, und Textilien. Drucke auf textilen Oberflächen (Stoff) bieten sicher den größten Mehrwert für Poster. Die Abildungsqualität steht den Versionen auf Papier kaum nach, vor allem, wenn feinmaschige Stoffe verwendet werden. Stoff lässt sich nachträglich vernähen und mit Ösen versehen. Die Anschaffung ist geringfügig teurer, das Poster lässt sich aber bei Reisen hervorragend mit den Kleidern im Koffer verstauen. Für eine robustere Verwendung gibt es auch PVC Plane (LKW-Plane) in verschiedenen Ausfertigungen.

Der finale Check vor der Tagung oder dem Kongress

Ist das Poster gedruckt, vergessen Sie nicht, einmal genau zu prüfen, ob der endgültige Ausdruck der Vorlage entspricht (◘ Abb. 6.2). Grobe Abweichungen können Sie eventuell reklamieren. Auch vermeiden Sie Überraschungen beim ersten Auspacken auf dem Kongress oder der Tagung. Handschriftliche Änderungen auf dem ansonsten gelungenen Poster sind ärgerlich.

Posterrollen für den Transport

Transportieren können Sie das fertige Poster am besten in einer speziellen Posterrolle aus Kunststoff. Diese sind robust, wiederverwendbar und können beschriftet werden. Bei Kongressen mit mehreren hundert Postern oder auf Reisen

6.4 · Papierarten

> **Checkliste nach dem Druck**
>
> Prüfen Sie das Druckergebnis anhand der folgenden Punkte. Entscheiden Sie, ob das Ergebnis Ihren Vorstellungen und Erwartungen entspricht. Bei Fehlern der Druckerei können Sie eventuell einen erneuten Druck verlangen.
>
> - ☐ Gibt es Lieferschäden?
> - ☐ Entspricht das Format den Vorgaben?
> - ☐ Ist die Farbgebung nicht zu stark, nicht zu gering?
> - ☐ Sind die Farben gleichmäßig?
> - ☐ Gibt es Farbabweichungen im Vergleich zum Original bzw. zum Probeausdruck?
> - ☐ Schlägt die Farbe auf die Rückseite durch?
> - ☐ Sind alle Abbildungen in ausreichender Qualität/ Auflösung vorhanden?

Abb. 6.2 Checkliste nach dem Druck

ist das nicht unwichtig. Vor allem auf Flugreisen haben sich solche Rollen bewährt. Die billige Alternative zu Kunststoffrollen sind Papprollen oder Pappkartons, die man auch gut für den Versand verwenden kann. Mit der richtigen Verpackung bringt man das Poster unbeschädigt ans Ziel und wieder zurück.

Poster präsentieren

Inhaltsverzeichnis

7.1   Rahmenbedingungen – 108

7.2   Der Vortrag zum Poster – Alles Wichtige in ein paar Minuten – 109

7.3   Umgang mit Fragen und Kritik – 113

© Springer-Verlag GmbH Deutschland, ein Teil von Springer Nature 2020
G. Domes und R. Christe, *Wissenschaftliche Poster gestalten und präsentieren*,
https://doi.org/10.1007/978-3-662-61496-9_7

7.1 Rahmenbedingungen

Poster werden vornehmlich auf Konferenzen und Tagungen präsentiert. Häufig wird in einem oder mehreren Räumen eine Vielzahl von Postern gleichzeitig präsentiert. Die Posterwände stehen oft dicht an dicht in Reihen mit oftmals zu geringem Anstand. Besucherinnen und Besucher der Tagung drängen sich zwischen den Posterwänden, den Vortragenden und vielen weiteren Besuchern von Poster zu Poster. Oftmals ist es eng, heiß und stickig – nicht gerade die optimalen Bedingungen, um einen Vortrag zu halten oder einem Vortrag zu folgen.

Postersessions — „Postersessions" dauern in der Regel 1,5 bis 2 h. In dieser Zeit wird erwartet, dass eine Autorin/ein Autor des Posters anwesend ist, seine Arbeit persönlich vorstellt und eventuelle Fragen der Besucher direkt am Poster beantwortet. Oftmals sind die Poster thematisch gruppiert, sodass inhaltlich verwandte Poster in der Nähe zu finden sind.

Posterbegehungen — Bei einigen Konferenzen finden organisierte Posterbegehungen statt, die von einer/m Vorsitzenden („Chair") geleitet werden. Eine Gruppe von Interessierten wird dabei durch eine thematisch gruppierte Anzahl von Postern geführt. Die Präsentierenden an den jeweiligen Postern haben eine definierte Zeit (z. B. 3–5 min.) zur Verfügung, um ihr Poster zu präsentieren und in die Diskussion mit den Zuhörerinnen und Zuhörern zu kommen.

Posterpreise — In manchen Fällen werden Preise für die besten Poster ausgelobt, welche nach festgelegten Kriterien von einer Posterjury bewertet werden. Ob und welche Posterpreise ausgelobt werden, kann in der Regel der Homepage der Kongressveranstalter entnommen werden. Oftmals ist keine gesonderte Bewerbung notwendig. Die Jury oder einzelne Jurymitglieder erscheinen während der Postersession am Poster und erwarten die Präsentation durch die Autorin/den Autor. Oftmals werden einige Nachfragen gestellt und es folgt eine kurze Diskussion. Regelmäßig bewertet die Jury neben der Qualität der präsentierten Studie die Gestaltung des Posters und die Qualität des Vortrags und der anschließenden Diskussion (Box „Kriterien einer Posterjury").

> **Posterpreise – Beispiel eines Bewertungsbogens einer Posterjury**
>
> **Folgende Kriterien werden zur Bewertung des Posters angelegt**
>
> 1. Gestaltung visuell
> - Ist die Aufteilung des Posters gelungen?
> - Sind alle wesentlichen Informationen erkennbar und klar dargestellt?
>
> 2. Inhalt
> - Folgt der Inhalt einer logischen Abfolge?
> - Sind die Methoden geeignet, um die Fragestellung zu untersuchen?
> - Lassen sich die Schlussfolgerungen durch die Ergebnisse stützen?
>
> 3. Vortrag
> - Waren die Erklärungen zum Poster ausreichend?
> - War der Vortrag klar und verständlich?
> - Wurden Fragen hinreichend beantwortet?
>
> 4. Bedeutung
> - Liefert die Studie potenziell neue Erkenntnisse?
> - Sind mögliche Implikationen gewürdigt worden?
> - Wurden mögliche Limitationen genannt und diskutiert?
>
> Geben Sie unter Gewichtung der einzelnen Kriterien ein Gesamturteil bzgl. des Posters auf einer Skala von 1–9 ab.

> **Rahmenbedingungen. Das Wichtigste in Kürze**
>
> - Postersessions finden fast immer in mehr oder weniger großen Räumen statt, die vor allem eines sind: laut, beengt, stickig.
> - Während der Postersession wird die Anwesenheit des Hauptautors bzw. der Hauptautorin erwartet.
> - Neben „freien" Postersessions, bei der die Teilnehmenden sich an den Postern einfinden, die sie besonders interessieren, gibt es auch geführte „Posterbegehungen"
> - Grundsätzlich ist die Zeit sehr knapp – die Präsentation muss in wenigen Minuten erfolgen

7.2 Der Vortrag zum Poster – Alles Wichtige in ein paar Minuten

Die meiste Zeit werden Sie am Poster auf „Kundschaft" warten. Sie haben das Poster so gestaltet, dass es möglichst viel Aufmerksamkeit erzeugt. Ihre Aufgabe ist nun, das Poster bzw. Ihre Studie „zu verkaufen" und möglichst verständlich und spannend zu präsentieren. In der Regel haben Sie dazu einige wenige Minuten Zeit. Dazu ein paar Tipps:

Die Zeit ist knapp

■ 1. Laden Sie Ihr Publikum ein

Die Einladung an das Publikum

Platzieren Sie sich neben dem Poster. Das Poster sollte nicht durch Sie oder Personen, mit denen Sie im Gespräch sind verdeckt werden, um die Sicht für andere nicht zu verstellen. Beachten und begrüßen Sie Neuankömmlinge an Ihrem Poster – auch wenn Sie schon im Gespräch sind. Sie können auch explizit zum Lesen einladen oder Hilfe anbieten, sollte etwas nicht verstanden werden. Im Fall, dass jemand sehr interessiert ist bzw. weitere Details wissen möchte, verabreden Sie sich zu einem Gespräch nach der Postersession oder bieten Sie an Kontakt aufzunehmen nach der Tagung. Lassen Sie andere Personen nicht zu lange warten. Ziel ist es, möglichst viele Kontakte am Poster zu knüpfen und mit möglichst vielen Kolleginnen und Kollegen ins Gespräch zu kommen.

■ 2. Starten Sie mit einer Kurzversion von drei bis vier Sätzen

Einstieg mit einer Kurzversion

„Es gibt keine zweite Chance für einen ersten Eindruck". Nach diesem Motto ist der Einstieg besonders wichtig. Versuchen Sie in einigen wenigen Sätzen einen Überblick zu geben. Beziehen Sie sich am besten direkt auf den Titel und geben Sie kurz Informationen zu den folgenden drei Fragen:
— Was ist Ihr Forschungsthema?
— Was haben Sie herausgefunden?
— Warum ist das relevant/wichtig?

Ziel ist es eventuell interessierte Zuhörer für Ihr Thema zu begeistern, sodass sie mehr darüber erfahren möchten. Gehen Sie hier erst auf das „große Ganze" ein und behalten sie die Details in der Hinterhand für Ihre weitere Präsentation.

■ 3. Erzählen Sie die „Geschichte" Ihrer Studie

Fragestellung, wesentliche Ergebnisse und Schlussfolgerungen

Erzählen Sie Ihre Geschichte in drei Teilen und fassen Sie sich kurz. Bedenken Sie, dass Sie in wenigen Minuten auf den Punkt kommen müssen. Sie können sich dabei an den folgenden Leitfragen orientieren:

a) Wie kamen Sie zu der Fragestellung? Wie entstand die Idee zu der Studie?
— Welche Hintergrundinformationen sind wirklich nötig zum Verständnis der Studie?
— Welche theoretischen/empirischen Vorarbeiten gibt es?
— Welches Wissen können Sie vermutlich voraussetzen?
— Wie lässt sich die Fragestellung herleiten? Wie sind Sie auf diese Fragestellung gekommen?

b) Wie sind Sie zu den Ergebnissen gekommen?

7.2 · Der Vortrag zum Poster – Alles Wichtige in ein paar Minuten

- Welche Methoden haben Sie gewählt, um die Fragestellung zu bearbeiten?
- Warum haben Sie diese gewählt?
- Was haben Sie herausgefunden?
- Gab es eventuell unvorhergesehene Ergebnisse?

c) Was sind die Schlussfolgerungen aus der Studie/den Ergebnissen?
- Was folgt aus den Ergebnissen?
- Welche Bedeutung haben diese Ergebnisse in Bezug auf die Fragestellung?
- Gibt es eventuell weitere/neue brennende Fragen, die durch die Studie entstanden sind?
- Wie könnten weitere Studie aussehen?

4. Vergewissern Sie sich, dass alles verstanden wurde

Wenn Sie Zweifel haben, fragen Sie nach, ob alles verstanden wurde. Es ist in dem Fall besser zu fragen, ob Sie selbst alles verständlich erklärt haben, als zu fragen, ob die Zuhörer alles verstanden haben. Fragen Sie eventuell nach, ob Sie noch mehr Details erklären sollen, wenn Sie den Eindruck haben, dass es noch Unklarheiten gibt.

Feedback zum Verständnis

5. Finden Sie einen Schluss

Sie können mit dem Hinweis schließen, dass Sie sich im Anschluss auf Fragen oder Anmerkungen freuen. Bieten Sie z. B. auch die mitgebrachten Handouts an. Weisen Sie darauf hin, wie Sie zu erreichen sind, sollten weitere Fragen oder Gesprächsbedarf bestehen. Geben Sie Hinweise auf eventuell weitere Daten oder verfügbares Material zu Ihrer Studie. Erläutern Sie, was unter einem eventuell vorhandenen QR-Code zu finden ist.

Verabschiedung mit Hinweisen auf zusätzliche Informationen

Anmerkung: Im Fall einer Posterbegehung oder im Falle, dass eine Jury am Poster auftaucht, haben Sie einen klar definierten Zeitrahmen. Auch wenn Sie fünf Minuten Zeit haben, versuchen Sie in drei Minuten auf den Punkt zu kommen. Überspringen Sie in diesem Fall die Punkte 1. und 2. und kommen Sie direkt zur „Story" Ihrer Studie.

Allgemein gilt: Üben! Zum Üben gehört auch, dass Sie selbst exakt verstehen, was die Abbildungen und anderen Einzelheiten auf Ihrem Poster bedeuten. Vergewissern Sie sich, dass Sie alles erklären können, wenn Sie gefragt werden. Versuchen Sie sich eine kurze Zusammenfassung einzuprägen, die Sie ohne Anstrengung aus dem Gedächtnis abrufen können. Prägen Sie sich alle Details ein und halten Sie den Vortrag frei, am besten ohne schriftliche Notizen. Bereiten Sie sich auf zu erwartende Fragen vor. Überlegen Sie sich im Vorfeld Argumente und mögliche Antworten.

Umgang mit Nervosität und Lampenfieber

Lampenfieber kennen die meisten Menschen. Eine Rede vor einem größeren Publikum wird von vielen als unangenehm empfunden. Solche Situationen sind akuter Stress, welcher zu einer Aktivierung verschiedener physiologischer Stressreaktionen führt: Der Körper schüttet verschiedene Stresshormone aus, um auf die bevorstehende Herausforderung vorbereitet zu sein. Daraus folgen eine Reihe von „Symptomen": Herzklopfen, Schwitzen, trockener Mund, Zittern, rote Flecken an Hals und Gesicht, Harndrang, etc. Dazu kommt ein Gefühl der Nervosität, Unsicherheit oder Angst. Im Grunde sind diese Reaktionen positiv, sie mobilisieren die für die Bewältigung der Situation benötigte Energie, fokussieren unsere Aufmerksamkeit und fahren gerade nicht benötigte körperliche Funktionen herunter. Im Grunde sind es zwei Faktoren, die in einer Vortragssituation Stress auslösen: Die Bewertung durch das Publikum und die Tatsache, dass die eigene Leistung und die Bewertung durch andere nicht zu 100 % kontrollierbar sind. Lampenfieber ist also eine Art Bewertungsstress.

Die Ursachen für (starkes) Lampenfieber sind vielfältig. Dazu gehören: Negative Erfahrungen, innere Überzeugungen, Perfektionismus, überhöhte Ansprüche, mangelnde Vorbereitung oder Übung, Vermeidung, etc. Aus diesen Ursachen folgen einige Ansatzpunkte, wie man Lampenfieber in der Vorbereitung begegnen kann.

Neben dem Analysieren und Hinterfragen hinderlicher Grundüberzeugungen bzgl. der eigenen Ansprüche, geht es zunächst um eine gründliche Vorbereitung. Am Anfang steht eine inhaltliche Einarbeitung und Ausarbeitung des Vortrags, der Sie zur/m Expertin/en für Ihr Thema macht. Proben Sie den Vortrag in den Tagen vor dem Auftritt, idealerweise vor Publikum. In den Stunden vor dem Vortrag können Entspannungsverfahren (wie z. B. die Progressive Muskelentspannung oder meditative Übungen) hilfreich sein, um das Erregungsniveau zu senken.

Während des Auftritts sind akute Maßnahmen gefragt, um die Aufregung zu dämpfen. Halten Sie Blickkontakt zu einzelnen Zuhörern. Suchen Sie sich einige wenige Zuhörer im Publikum, die Ihnen besonders zugetan sind (und dies durch Mimik und Gestik signalisieren) und halten Sie v. a. mit diesen „Verbündeten" Blickkontakt. Achten Sie auf Ihre Atmung. Versuchen Sie trotz des Vortrags und der Aufregung tief in den Bauch und in die Flanken zu atmen. Vorherige Übung dieser Atemtechnik erleichtert die Anwendung in der akuten Situation.

> **Der Vortrag zum Poster. Das Wichtigste in Kürze**
>
> - Laden Sie Interessierte an Ihrem Poster zum Gespräch ein
> - Bieten Sie einen kurzen Vortrag an
> - Starten Sie mit einer kurzen Version von wenigen Sätzen
> - Bei weiterem Interesse: Erzählen Sie die „Geschichte" Ihrer Studie ein wenig ausführlicher in 3–5 min.
> - Fragen Sie nach, ob alles verstanden wurde, oder ob Rückfragen oder Diskussionsbedarf bestehen.
> - Bieten Sie einen späteren Kontakt an, wenn Sie das Gefühl haben, der Gesprächsbedarf kann nicht in der Kürze der Zeit gedeckt werden.

7.3 Umgang mit Fragen und Kritik

Auf Ihre Präsentation folgen in der Regel Fragen und Anmerkungen aus dem Publikum (im Englischen: „Question and Answer" oder abgekürzt Q&A). Oft wird dieser Teil der Präsentation von vielen als schwieriger empfunden als der eigentliche Vortrag. Dies ist insofern verständlich, als dass während er Frage- und Antwortphase weniger Kontrolle über den Verlauf besteht und eine Vorbereitung schwer möglich erscheint.

Allgemein gilt aber, was auch für Ihren Vortrag gilt: Bereiten Sie sich vor und kennen Sie sich in ihrem Gebiet aus. Mit entsprechender Vorbereitung können Sie davon ausgehen, dass Sie mehr wissen, als die meisten Menschen, die an Ihrem Poster auftauchen. Das heißt nicht, dass Sie alles wissen müssen. Sich in einem Gebiet gut auskennen heißt, dass Sie in der Lage sind, selbstbewusst ein Fachgespräch zu führen. Mit diesem Vorwissen können Sie eventuell auch schon einige der naheliegenden Fragen antizipieren und sich gezielt darauf vorbereiten. Schreiben Sie sich diese Fragen auf und notieren Sie zumindest stichwortartig mögliche Antworten. Auch wenn nur eine dieser Fragen tatsächlich gestellt wird, können Sie zumindest diese gut beantworten.

Die Vorbereitung auf Fragen ist möglich und ratsam

Hier ein paar allgemeine Hinweis zum Umgang mit Fragen:
1. Hören Sie sich zunächst die ganze Frage an. Widerstehen Sie der Versuchung, die Antwort bereits während des Zuhörens zu formulieren. In vielen Fällen nimmt die Frage am Ende eine überraschende Wendung oder die/der Fragestellende spitzt die Frage noch einmal auf den wesentlichen Kern zu.
2. Bedanken Sie sich für die Frage. Vermeiden Sie aber hohle Phasen wie „Das ist eine gute Frage!". Besser Sie leiten Ihre Antwort ein mit einer Aussage wie etwa. „Vie-

len Dank. Von dieser Perspektive habe ich die Sache noch nicht betrachtet…" oder „Vielen Dank. Das ist ein Aspekt, der in meiner Arbeit bislang nicht im Fokus stand…" oder einer ähnlichen, anerkennenden Aussage.
3. Sollten Sie Zweifel haben, die Frage vollständig verstanden zu haben, scheuen Sie sich nicht nachzufragen. „Habe ich richtig verstanden, dass Sie möchten, dass ich noch einmal Punkt … erläutere?". Rückfragen dieser Art geben Ihnen auch zusätzlich Zeit, eine passende Antwort zu finden.
4. Antworten Sie so kurz wie möglich. Auch die Zeit für Fragen und Diskussion ist bei Posterpräsentationen besonders knapp. Sollten Sie absehen können, dass die Beantwortung der Frage, den Rahmen der Posterpräsentation sprengen wird, laden Sie die/den Fragestellende/n zu einem Gespräch im Anschluss ein. Sie können auch anbieten, die „Diskussion" per Email weiterzuführen. Fragen Sie nach, wenn Sie unsicher sind, ob die Frage für das Erste ausreichend beantwortet wurde.

Unterschiedliche Arten von Antworten

Grundsätzlich gibt es verschiedene Möglichkeiten auf Fragen zu reagieren:

Antworten im engeren Sinn. Im Falle, dass Sie eine präzise Antwort auf die Frage haben, antworten Sie kurz und knapp und geben Sie anderen Zuhörenden die Möglichkeit weitere Frage zu stellen. Widerstehen Sie der Versuchung an dieser Stelle zu ausführlich zu antworten, um Informationen zu liefern, die Sie nicht in Ihrer Präsentation unterbringen konnten. Es besteht schnell die Gefahr, dass Ihre Antwort unstrukturiert und schwer nachvollziehbar wird.

Zurückweisen an den Fragenden. Darunter fällt z. B., um eine Präzisierung zu bitten: „Könnten Sie das genauer erklären, was Sie damit meinen?". In manchen Fällen kann es auch nötig sein, darauf hinzuweisen, dass eine Frage am Kern der Präsentation bzw. Ihrer Aussagen vorbeigeht, oder einfach falsch ist. Hierbei sollte man behutsam vorgehen und dem Fragestellenden die Möglichkeit zur Präzisierung bzw. Korrektur geben.

Verschieben auf später. Geht die Frage über den Rahmen der Posterpräsentation hinaus oder benötigen Sie mehr Zeit, um über eine sinnvolle Antwort nachzudenken, bieten Sie an, zu einem späteren Zeitpunkt die Frage zu antworten.

„Verbiegen" der Frage. Ein häufiger Trick besteht darin, die Frage so zu verändern, dass Sie eine passende Antwort darauf parat haben. Sie beantworten gewissermaßen die Frage, von der Sie sich gewünscht haben, dass Sie sie gefragt worden wäre. Dies ist eine Technik, die aus politischen Diskussionen bekannt sein dürfte, und oft schnell entlarvt wird bzw. und bei zu häufiger Anwendung frustrierend für Fragende und Publikum ist.

7.3 · Umgang mit Fragen und Kritik

Allgemein gilt: Können Sie eine Frage nicht beantworten, versuchen Sie besser nicht, es trotzdem zu tun. Lassen Sie sich nicht als Hochstapler entlarven. Besser Sie gestehen sich und dem Publikum ein, dass Sie die Antwort (noch) nicht wissen.

Hilfreich ist vielleicht auch, sich bewusst zu machen, dass Fragen mit unterschiedlicher Zielsetzung oder Motiven gestellt werden. Es gibt also unterschiedliche Typen von Fragen bzw. Fragesteller/innen:

Motive von Fragestellenden

Die wahre Frage. Die/der Fragsteller/in stellt eine richtige Frage und möchte gerne die Antwort wissen. Dieser Typ ist der dankbarste, da die Fragen oft vorhersagbar und beantwortbar sind.

Der Angeber ist weder an Ihnen noch an der Antwort interessiert. Sein Interesse gilt vielmehr dem Ziel zu zeigen, dass er mehr oder es besser weiß als Sie. Geben Sie diesem Typ den entsprechenden Raum und beantworten Sie die Frage so gut sie können.

Passiv-aggressive Fragen sind zwar selten, jedoch heimtückisch und teilweise schwer zu entlarven. Obwohl sie freundlich formuliert sind, zielen sie im Kern darauf ab, Sie auflaufen zu lassen. Die einzige Möglichkeit mit passiv-aggressiven umzugehen: Lassen Sie sich nicht provozieren! Antworten Sie sachlich und kurz und gehen Sie zur nächsten Frage über.

Offen feindselige Fragen sind noch seltener und zielen entweder auf eine globale Kritik an Ihrem Vortrag oder an Ihrer Person. Falls es eine sachliche Antwort gibt, geben Sie diese. Falls eine sachliche Antwort nicht möglich ist, verweigern sie die Beantwortung und versuchen Sie so schnell wie möglich zur nächsten Frage zu kommen.

Zum Schluss eine allgemeine Anmerkung: Diskussionen und Fragen an wissenschaftlichen Postern laufen in der Regel wohlwollend und freundlich ab. Es gibt keinen Grund sich Sorgen zu machen.

Umgang mit Fragen und Kritik – Das Wichtigste in Kürze

- Bereiten Sie sich auf die Diskussion bzw. Fragen im Anschluss vor. Kennen Sie sich in Ihrem Sachgebiet aus und versuchen Sie Fragen zu antizipieren
- Antworten Sie wenn möglich kurz und präzise. Setzen Sie andere Techniken nur im Notfall ein. Wenn Sie keine Antwort wissen, gestehen Sie sich und dem Publikum das ein. Versuchen Sie nicht Ihr Publikum „zu blenden".
- Machen Sie sich bewusst, dass es neben den „wahren" Fragen, bei denen es wirklich um Ihre Antwort geht auch andere Motive auf Seiten der Fragenden gibt. Bereiten Sie sich vor.

Serviceteil

Stichwortverzeichnis – 119

© Springer-Verlag GmbH Deutschland, ein Teil von Springer Nature 2020
G. Domes und R. Christe, *Wissenschaftliche Poster gestalten und präsentieren*,
https://doi.org/10.1007/978-3-662-61496-9

Stichwortverzeichnis

A

Abbildung 53, 54, 58–60, 65
– Auflösung 53
– Bilder 89
– Fotos/Logos/Bildmaterial 53
Abschnitt 17, 21
– Anmerkungen, Literatur, Kontaktinformationen 21
– Diskussion 13, 16, 17, 20–22
– Einleitung 13, 16–18, 21, 22, 27
– Ergebnisse 13–15, 17–22, 27
– Fragestellung 13, 15, 17–21, 27
– Materialien 17, 19
Abstract 12–17, 22
Autorenschaft 16

B

Begutachtungskriterien 7, 12, 109

D

Diagramm/Grafik 55, 58, 59, 87
– allgemeine Hinweise 58
– deskriptive Statistik 55
– Erstellung 55, 85, 86
Druck 94
– Checkliste 105
– Material 101, 102
– Vorlage 97

E

Einsatzbereich 9
Element 17, 23, 25–29
– 3D-Bilder 62
– Doodles 63
– ePoster 61
– Handouts 65
– QR-Code 60, 62, 64, 65
– Storyboard 17, 29–31
– Symbole und Piktogramme 27
– Videoclips oder Diashows 60
– Visitenkarten 63, 64
Entwurf 17, 29

F

Farbe 34, 35
– Corporate Design 36, 64, 66
– Farbräume 39
– Schemata 36
– Wirkungen 34
Format 22, 25
– Ausrichtung 22
– Größe 23

K

Korrektur 95
– Bewertungskriterien 95
– Sprache 94

P

Peer-Review 94
Posterpräsentation 16
Posterpreis 7, 109
Postersession 2, 6, 8, 108, 109
Präsentation 108, 109
Programm (Grafik und Layout) 70
– Gimp 90
– Graphpad Prism 84
– Inkscape 88
– Irfan View 91
– Photoshop 90
– Powerpoint 70
– R 86
– Scribus 77
– SPSS 85

S

Schrift 42
– Größe 46
– Grundregeln 45
– Hervorhebungen 47, 49
– Lesbarkeit 41, 42, 45, 46, 48, 49
– Schriftarten 45, 47
– Stil 47
Struktur 16, 25
– Anordnung 25–27, 29
– Spalten 25

T

Tabelle 52
– Formatierung 52
Text 49
– Absätze 51
– Satzart 49
– Silbentrennung 50, 60
– Stichworte 52
– Zeilenabstände 49
Titel 15, 16

U

Umfang 18, 21, 30

V

Vor- und Nachteil 7, 8
Vorlage 66, 68
Vortrag 109
– Nervosität 112
– Q&A 113
– Umgang mit Fragen und Kritik 113

Z

Zitate/Plagiate 16

MIX
Papier aus verantwortungsvollen Quellen
Paper from responsible sources
FSC® C105338

If you have any concerns about our products,
you can contact us on
ProductSafety@springernature.com

In case Publisher is established outside the EU,
the EU authorized representative is:
**Springer Nature Customer Service Center GmbH
Europaplatz 3, 69115 Heidelberg, Germany**

Printed by Libri Plureos GmbH
in Hamburg, Germany